盛世中兴
系列丛书

汉

昭宣中兴

张军峰 著

西安出版社

图书在版编目（CIP）数据

盛世中兴·昭宣中兴 / 张军峰著. —西安：西安出版社，2016.12
(2021.4重印)
ISBN 978-7-5541-1958-7

Ⅰ.①盛… Ⅱ.①张… Ⅲ.①中国历史—西汉时代—通俗读物
Ⅳ.①K209

中国版本图书馆CIP数据核字（2017）第005791号

盛世中兴系列丛书
Shengshi Zhongxing Xilie Congshu

昭 宣 中 兴
Zhaoxuan Zhongxing

著　　者：张军峰
出 品 人：屈炳耀
策划编辑：史鹏钊
责任编辑：张增兰　范婷婷　原煜媛
责任校对：张爱林　陈　辉　张忝甜
装帧设计：朱小涛　纸尚图文设计
出版发行：西安出版社
地　　址：西安曲江新区雁南五路1868号影视演艺大厦11层
电　　话：(029)85253740
邮政编码：710061
印　　刷：永清县晔盛亚胶印有限公司
开　　本：880mm×1230mm　1/32
印　　张：8.75
字　　数：128千
版　　次：2017年4月第1版
印　　次：2021年4月第3次印刷
书　　号：ISBN 978-7-5541-1958-7
定　　价：48.00元

读者购书、书店添货或发现印装质量问题，请与本公司营销部联系、调换。
电话：(029) 68206232　68206222 (传真)

总 序

中国是世界四大文明古国之一。在世界四大文明古国中，巴比伦早已消失，埃及和印度也经历了巨大的衰变，唯独中国文明长期传承、辉煌灿烂。中国文明之所以能够长期延续，主要是因为自身具有强大的修复能力，在出现衰落时能够实现"中兴"。

在数千年的历史岁月中，中国曾出现过一些"治世"或"盛世"，如"成康之治""文景之治""开元盛世"

等。这些"治世"或"盛世"都经历了一个良性发展的过程。西周的强盛在武王时期已奠定基础，经过"成康之治"达到极盛。西汉的强盛奠基于高祖时期，经文景之治，到武帝时达到顶峰。唐代的"盛世"始于贞观时期，到开元、天宝年间达到巅峰。西周前期的强盛体现了王制时代高度发达的礼乐文明。西汉的强盛为统一的、多民族的、中央集权的帝制国家的发展奠定了坚实的基础。唐代的"盛世"使中国的帝制走向了空前的繁荣。但令人遗憾的是，这些"治世"或"盛世"最终都无一例外地走向衰落。自然因素对"治世"或"盛世"的衰落虽有一定影响，但并不是主要原因。创业难，守成更难。统治者在"治世"或"盛世"中容易失去创业精神和忧患意识，贪图享乐、不思进取，导致政策失误、吏治腐败，积重难返，这往往是"治世"或"盛世"衰落的主要原因，而战争和动乱则对"治世"或"盛世"的衰落起到了加速的作用。

虽然中国古代的"治世"或"盛世"都曾出现过衰落，但好在兴衰的关键不在于天命，而在于人事。每当"治世"或"盛世"出现衰落迹象，总有一些有识之士致力于"中兴"的事业。

中兴，就是王朝衰落时的中途振兴，是国力的恢复与更高层次的发展。南宋学人王观国在其著作《学林·中兴》中对"中兴"一词有详细的解释："中兴者，在一世之间，因王道衰而有能复兴者，斯谓之中兴。"中兴可以视为力挽狂澜，是跌入低谷后的重新崛起与升华。"山重水复疑无路，柳暗花明又一村"，这种通过中兴才能得来的新境界往往让人叹为观止。

中国历史上的各个朝代，开国之君常有，而中兴之主不常有，因此所谓的中兴在历史上也并不多见。夏有少康中兴，商有武丁中兴，可惜史料阙如；东汉的光武中兴声名较响，但其实是一场重新建国；宋、明都有孝宗中兴，宋孝宗"乾淳之治"偏安一隅，明孝宗"弘治中兴"昙花一现；清代更有皇权专制社会最后一个中兴——同光中兴，但也只是在内忧外患中的回光返照，史家多所粉饰的虚假盛世。而西周宣王、西汉的昭宣、唐代的宪宗都是在大一统王朝的发展中途，因国家的政治危机而推行新改革，这三次中兴都使得国力再次飞跃，国家一度走向鼎盛繁荣。

西周的成康盛世因厉王乱政而衰落，其后出现了"宣王中兴"，《诗·大雅·烝民序》说宣王时期"任贤使能，周室中兴焉"，宣王的一系列改革使他成为春秋战国变法改制运动的先行者；西汉盛世在汉武帝晚年衰落后因昭帝和宣帝推行休养生息的重大国策、励精图治，从而出现了"昭宣中兴"的局面，对于这个时代刘向称赞道"政教明，法令行，边境安，四夷亲，单于款塞，天下殷富，百姓康乐，其治过于太宗（汉文帝）之时"，与此同时，汉人更是喊出了"明犯强汉者，虽远必诛"的时代强音；唐代的开元盛世因安史之乱走向衰落，其后在唐宪宗的奋发有为下"中外咸理，纪律再张"，实现了"元和中兴"的一统大治局面，为大唐帝国续命近百年之久。

这些中国历史上的中兴，是大国走向崛起的关键。一代盛世不仅要靠一个英明君主的夙夜不懈，还要勇于修正，在经验与教训中坚持不懈。中兴的实现殊为难得，学界却少有关注，不能不说是一种遗憾。

这些"中兴"对于中国古代王朝的延续和社会的发展具有十分重要的意义。过去，学术界对"治世"或"盛世"的研究较多，但对"中兴"问题重视不够，因而社会大众对"治世"或"盛世"比较关注，而对"中兴"缺乏了解，这是中国历史观的断层和缺陷。

事实上，"中兴"也是十分重要的。当"治世"或"盛世"衰落时，古人是怎样应对的，他们采取了哪些措施，收到了怎样的效果，有什么经验和教训？诸如这些问题，都值得我们进行深入思考。

西安曲江出版传媒股份有限公司推出的这套中国古代"中兴"书系，包括《宣王中兴》《昭宣中兴》《元和中兴》三部著作，比较系统地论述了中国古代的"中兴"大事。这套书从文明史观出发，用现代视角考察古代"中兴"问题，娓娓道来，如数家珍。尽管作者的学术背景各不相同，但图书风格基本一致，都做到了图文并茂、通俗易懂，相信广大读者可以轻松阅读，并有所感悟。历史的通俗表达，需要一大批这样的书籍。利用多种平台的宣传推广，这个系列是个好的开端与尝试。

"九天阊阖开宫殿，万国衣冠拜冕旒"，周秦汉唐盛世虽然已经走远，但文脉犹存，雄风烈烈。众所周知，西安这座世界古都承载着周秦汉唐的衣冠文物，渗透着周秦汉唐盛世开放、包容、自信的民族血液，中华文化的道统在西安，寻找中华民族的文化自信要从这座城市启程。要

实现中华民族的伟大复兴，从历史上的中兴时期寻找历史

经验和教训，无疑是有重要意义的大事情。

是为序。

王双怀

（历史学专家，陕西师范大学教授，武则天研究会会长）

2016 年 11 月 16 日

目 录

引子

提到华夏五千年的文明史，秦皇汉武、唐宗宋祖都是一代天骄，他们是中国历史上辉煌时期的杰出代表。

汉王朝是这些辉煌时期中最具代表性的一个王朝。

大汉王朝为汉高祖刘邦建立的中国第二个大一统的帝国。前期定都长安，又称西汉、前汉；后期定都洛阳，又称东汉、后汉。大汉帝国是我国古代社会初期的一个强盛、富饶的帝国，它继承和巩固了秦朝开始的统一的中央集权制，国家经济繁荣，国力强盛，人民安乐，呈现出一幅太平盛世的景象。在此期间，西汉先后经历了汉初的休养生息、文景之治、汉武盛世、昭宣中兴等多次繁荣昌盛，中国以世界强国的面目屹立于世界之林。因此，汉王朝被视为中国历史上的第一个黄金时期。前汉共传十四帝，前后经历约210年，后汉传八世共十四帝，历经195年。前、后汉统称为汉朝。

汉王朝历史上出现过很多社会相对稳定发展的时期，"昭宣中兴"就是其中一段。昭宣中兴指的是西汉汉昭帝和汉宣帝时代（约为前87—前49年）。汉昭帝8岁即位，由霍光辅政，继续实行汉武帝后期以来的政策，多次下诏赈贷农民，减免田租、口赋等税收，减轻农民的力役负担。宣帝刘询即位后，着力整顿吏治，推行一系列如招抚流亡、安定民生、管辖西域等政治、经济、外交措施，使社会生产得到恢复和发展，并且达到了鼎盛。

以下就是讲述这一段历史。

第一章

武帝晚年的

大汉王朝

第一节　汉初的文景之治

"六王毕，四海一"，秦灭六国后，统治残暴，给人民带来了无比的痛苦和极大的灾难。秦二世继位后，赋敛更加沉重，戍徭无已，刑法也更为苛酷，致使天下困疲不堪，人民处于水深火热之中。

于是乎陈胜、吴广在大泽乡揭竿而起。

"大风起兮云飞扬，威加海内兮归故乡。安得猛士兮守四方！"这首慷慨激昂的《大风歌》的作者是一位叫刘邦的青年，后来他成为一代帝王。

刘邦（前256—前195年），字季，兄弟四人中排行第三，沛郡丰邑中阳里（现属江苏省徐州市丰县）人。他性情豁达，知人善任。秦二世元年（前209年），刘邦参

汉高祖刘邦像

加了由陈胜、吴广领导的起义。后加入项羽的楚国阵营，第一个攻进秦的首都咸阳，灭了秦朝，被楚霸王项羽封为汉王。之后刘邦以汉中为基地，和项羽进行了长达四年的楚汉之争。

由于前方张良善谋、韩信有帅才，后方有萧何等谋臣良将的辅佐，刘邦的大军终于设下十面埋伏把项羽的军队包围在垓下，项羽突围至乌江边后自刎。刘邦消灭项羽后称帝，定都长安，建立汉王朝，自此中国在地理上再次统一，为以后的强大奠定了基础。刘邦在位12年，死后谥号高皇帝，庙号高祖，葬于雍州东（今陕西咸阳市东），世称长陵。皇后吕雉卒于公元前180年，终年61岁，与汉高祖合葬长陵。

汉高祖刘邦不仅是一位在战场上叱咤风云的英雄，也是一位风流无比的帝王，他一路征战，一路纳姬。这些女人有原配夫人吕雉，还有戚氏、薄氏等众多的妃嫔，她们共生育了8个儿子：庶长子刘肥（封齐王）、二子刘盈

（即孝惠帝）、三子刘如意（封赵王）、四子刘恒（即文帝）、五子刘恢（封梁王）、六子刘友（封淮阳王）、七子刘长（封淮南王）、八子刘建（封燕王）。

公元前 202 年，刘邦在山东定陶称帝，刘盈以王太子的身份被立为皇太子。刘盈是刘邦与原配吕雉所生，生于秦始皇帝三十七年（前 210 年）。

刘盈幼年颠沛流离，直到后来和他的姐姐鲁元公主被送到了关中，才过上了较为安宁的生活。刘邦消灭了强大的项羽，取得楚汉战争的胜利后，立 8 岁的刘盈为太子。

汉高帝十二年（前 195 年）四月甲辰，刘邦因在平定英布的战争中受伤不治而死在长乐宫。五月丙寅，16 岁的嫡长子刘盈继承了皇位，成为汉朝的第二位皇帝（前 194—前 188 年）。

老大齐王刘肥因母亲曹氏是刘邦未发时的外室，有些名不正言不顺，所以未能继承皇位。其实，最主要的原因还是后来强势的正夫人吕雉的阻挠。

惠帝刘盈仁慈，当了皇帝还与刘肥情同兄弟，这让欲对刘肥下毒手的吕雉投鼠忌器，只好作罢。

汉惠帝在位期间，大权实际上掌握在强势的母亲吕后之手。当他在茅厕见到被自己的母亲残害成"人彘"的戚夫人的惨状之后，哀伤地对母亲吕后说："这种事不是人所做得出来的。儿臣是太后的儿子，怎能治理天下！"遂大病一场，之后全然不理政事，借酒浇愁而致疾，最后抑郁而终。后世司马迁在《史记》中设"吕后本纪"而不是"惠帝本纪"，据此可见一斑。不过吕雉提拔曹参为丞相，实施仁政，减轻赋税，政治清明，社会相对安定。

公元前 188 年，惠帝崩于未央宫，年仅 22 岁，在位 7 年，谥号孝惠皇帝，葬于安陵。

西汉前少帝刘恭（前 190—前 184 年）是汉朝第三任皇帝，也是西汉第一个被废的皇帝。这位皇帝生下来命运就出奇的坎坷。刘恭的母亲是惠帝时期的一位周姓美人，吕雉把刘恭过继到皇后张嫣身下，并命宫女鸩杀了周姓美人，接着立当时只有 3 岁的刘恭为皇帝，是为汉前少帝。

吕雉成为太皇太后，临朝听政，并分封吕姓诸王，极力扩大吕氏势力。刘恭稍微懂事，听到有人说起他母亲的死因时，就对人说："后安能杀吾母而名我？我未壮，壮即为变。"吕雉得知后，囚禁他于宫廷监狱永巷，对外声称皇帝重病，拒绝接见任何人。随即刘恭被废黜，前184年被处死，其时只有7岁，在位4年。

汉朝的第四位皇帝是被称为后少帝的刘弘（？—前180年）。公元前184年6月15日，吕雉立常山王刘义为帝，并把他的名字改为刘弘，即后少帝。刘弘原名刘山，曾用名刘义，是汉惠帝刘盈的儿子，生母不详。皇帝即位一般改称下一年为元年，但因太皇太后吕雉临朝听政，因此并没有称元年。

前180年，吕后刚死，太尉周勃、丞相陈平等大臣把吕氏集团一网打尽。朝臣认为，少帝刘弘及梁王刘太、淮阳王刘武等并非汉惠帝亲生儿子，应当废黜；而另外一个理由就是少帝为吕后所立，将来怕对他们不利。他们共议选定汉高祖与妃子薄氏之子代王刘恒作为新皇帝（即汉文帝），并将其迎入长安。是年11月14日刘弘等人被诛杀。

刘恭、刘弘都很悲催，他们只是吕雉掌权的棋子，即使再聪明伶俐，也是徒劳。而在吕雉掌权的近十年，史书上记载，吕后延续道家黄老学说，实施无为之治，用曹参做宰相。曹参依然遵行萧何时创置的制度，以"清静"作为行政的原则，历史上称作"萧规曹随"。司马迁说：曹参为汉相国，政风"清静"，使百姓在秦代酷政之后"休息无为"，于是得到天下民众的普遍赞美。真不知道吕后这个毒辣女人怎么会和"黄老无为"挂上钩，也许她真的只是想维护刘氏天下，知道自己政治水平太差，就全权交给了曹参，而曹参也是一位装糊涂而不真糊涂的能臣，竟混出了一段清明盛世的前奏。

汉文帝刘恒是汉朝的第五个皇帝，他的命运可谓离奇而幸运。首先，刘恒的出生就很幸运。《史记·外戚世家》记载，刘邦只宠幸过薄姬一次，薄姬就怀上了刘恒。其次，刘恒能得到皇位继承权就更是幸运了。因为薄姬地位低下，姿色平常，并不受宠，于是刘恒也不得刘邦宠爱。本来无论如何皇位都不会落在他头上的，但是不利因素在某些情况下会转为有利条件。帝王家的子孙的命运，多数不是掌握在自己手中。想当皇帝的，却偏偏与黄袍龙椅无缘；压根儿就没想过要当皇帝的，可是幸运偏偏降临到头上。

平叛诸吕后，按照封建嫡长继承制，汉高祖的第七个儿子刘长应该比刘恒有优先继承权，因为刘长被吕后收养过，算是亲一些。但是很显然，陈平和周勃倒吕就不会允许和吕氏有瓜葛的人再次掌权。另外就是吸取教训，皇帝母亲娘家不能有势力。最后只有刘恒最合适。历史的偶然性往往具有喜剧色彩，现实往往更加感人动人也更残酷。

刘恒从小就奉行孝道。母亲薄氏有病时，他通宵达旦地伺候，还亲尝汤药，孝闻天下，后来被奉为二十四孝之一。"爱敬尽于事亲，而德教加于百姓，刑于四海"，刘恒成为一个榜样，教育了百官与百姓。

刘恒即位后，应大臣们请求立窦漪房为皇后，即后来的窦太后，也即后来汉景帝刘启的母亲。

秦末农民战争和四年楚汉之争，致使社会动荡不安，民生凋敝，社会经济非常困顿。史书上记载当时的情况大致是：老百姓漂泊流离，连年饥荒，甚至发生了人吃人的现象，百姓死者过半；那时连皇帝也坐不上四匹纯一色的马拉的车子，将相官员们只能坐牛车；普通百姓家中更无颗粒余粮。尽管高祖刘邦及后来实际掌权的吕后都希望并努力让国家走向安定富强，但百废待兴之际，仅凭二十余年的时间，是不可能出现大繁荣的。面对这种形势，恢复和发展社会经济成为巩固统治的当务之急。

汉文帝时朝政逐步稳定下来，他采取轻徭薄赋、与民休息的措施，以恭俭无为而治。公元前157年6月，汉文帝刘恒驾崩，在位23年，享年46岁，葬于霸陵。其庙号太宗，谥号孝文皇帝。

刘启（前188—前141年）是汉文帝刘恒的长子，西汉第六位皇帝，是为汉景帝。刘启在位期间，削诸侯封地，平定七国之乱，巩固中央集权，勤俭治国，发展生产。汉景帝与其父汉文帝统治时期合称为"文景之治"。汉景帝刘启在西汉历史上占有重要地位。他继承和发展了其父汉文帝的事业，与父亲一起开创了"文景之治"，并为儿子刘彻的"汉武盛世"奠定了基础，完成了从文帝到武帝的过渡。

汉文帝提倡节俭，身体力行，减少朝廷以及自己的侍卫人马。国家财政开源节流，贵族官僚也有所收敛，不敢大肆搜刮。

汉景帝也不差，继承其父的遗志，沿着文帝开辟的道路始终如一，因而使国家更加强大，社会更加安定，人民更加富裕。

汉景帝还恢复与匈奴等周边民族通关市，发展边境贸易。

随着生产日渐得到恢复并迅速发展，社会上出现了多年未有的稳定富裕的景象。人民的生活水平得到了很大程度的提升，国家粮库里的粮食多得吃不完，很多都腐烂了，猪都不吃；国库里的钱也多得花不完，穿钱的绳子都烂了。

到景帝末年和武帝初年，国家已经比较富庶。司马迁在《史记·平准书》中记载说："非遇水旱之灾，民则人给家足，都鄙廪庾皆满，而府库余货财。京师之钱累巨万，贯朽而不可

汉代铜钱

校；太仓之粟，陈陈相因，充溢露积于外，至腐败不可食。"由此可见，文景时期政治清明，经济发展，人民生活安定，确实称得上是太平盛世。因此史家称这段统治时期为"文景之治"。

汉文帝的韬光养晦、厚积薄发为汉朝的兴盛积累了能量。他是一位"循守成法"的皇帝，崇尚"赏罚信"。汉景帝即位后进一步打击豪绅，与民为利。正是因为文帝、景帝赏罚分明、安民为本的思想，才使得社会稳定，经济得到了发展。

没有汉文帝在经济政治大环境下的积累，没有汉景帝的政策延续，就没有汉武帝时期的"封狼居胥"，也没有后来的"昭宣中兴"以及汉元帝时的"犯强汉者，虽远必诛"。整个汉民族之所以形成后来的大汉雄风，汉文帝统治的23年以及汉景帝统治的16年，应该是重要时期。

第二节　武帝的雄风以及悲哀

汉武帝刘彻（前156—前87年）是西汉时期的第七个皇帝。刘彻是汉景帝刘启的第十个儿子，是汉文帝刘恒的孙子、刘邦的曾孙，其母王娡原来是金王孙之妻。刘彻7岁时被立为太子，16岁登基，统治时间长达54年。汉武帝的雄才大略、文治武功使汉朝成为当时世界上最强大的国家，在他的统治下西汉帝国成为世界文明无可争议的中心；而汉武帝的时代，也成为中华民族历史上最值得自豪的一段时期。

汉武帝继位初，在继续推行景帝时各项政策的同时，采取了一系列强化专制主义中央集权的措施。在政治方面，首先颁行"推恩令"，进一步削弱诸侯王国势力，潜移默化地消除了来自王侯的威胁；其次加强中朝，削弱丞相职权，巩固了皇权；设置十三部刺史，增强了对地方的控制。在军事方面，集中兵权，夯实了中央的军事力量。在经济方面，整顿财政，颁布"算缗""告缗"等政令，征收商人资产税，打击富商大贾；又采纳桑弘羊等人的建议，将冶铁、煮盐收归官营，禁止地方郡国铸钱；设置平准官、均输官，由官方经营运输和贸易，极大地增强了国家经济实力；同时兴修水利，移民西北边疆屯田，实行"代田法"，有利于农业生产的发展。在思想方面，采纳董仲舒"罢黜百家，独尊儒术"的建议，使儒学成为中国社会的统治思想，对后世中国政治、社会、文化产生了广泛而深远的影响。

汉武帝还用儒学加强王权，让政权变得合理化。另外对外用武力扩大影响，迫使匈奴臣服。一方面，自元光二年（前133年）马邑之战起结束高祖以来对匈奴的和亲政策，开始对匈奴积极宣战，先后派李广、卫青、霍去病征伐匈奴，逐步消除了来自匈奴的威胁，使匈奴由屡屡进犯变为主动称臣，扩张了版图，保障了北方经济文化的发展，同时消灭了南方的夜郎、南越政权，并在西南先后建立了七个郡，扩大了管辖范围。另一方面，他派张骞出使西域，开辟了著名的丝绸之路，进一步加强了对西域的统治，增强了中国和西方经济文化的交流。在东北方，他派兵灭朝鲜北部的卫氏，设置乐浪、玄菟、临屯、真番四郡，至此大汉帝国的版图基本成形。

汉武帝的主动出击使西汉王朝的政权更加巩固，国家更加统一，为西汉经济文化的发展创造了极为有利的条件。汉武帝对匈奴作战取得的成就也是前后几代积蓄的结果，秦始皇统一中国也是依靠前后数代的努力，历史上称"秦皇汉武"，说汉武帝很像秦始皇是非常有道理的。然而不同的是，汉武帝能尊重儒家，知用人，好贤士，赏罚分明，到晚年能认识自己的过错，勇于改正错误，还能把江山社稷托付给霍光等人，因此说汉武帝是一位真英雄。

汉武帝刘彻在位 54 年，使汉王朝空前强大，可谓雄才大略，因而他也是中国历史上最有作为的封建帝王之一。可是，他和所有的封建帝王一样，也是个"荒淫之主"。他的后妃夫人，无一人能得善终，都逃不脱冷遇、幽居甚至被杀害的凄惨结局。

作为一个"能三日不食，不能一日无妇人"的男人，汉武帝多次在全国挑选秀女，充盈后宫，一时间后宫、离宫、别馆的美女竟有两万之众。

陈阿娇是汉武帝刘彻的第一任皇后。她是堂邑夷侯陈午与大长公主刘嫖之女，建元元年（前140年）被立为皇后，后以"惑于巫祝"罪名被废黜，退居长门宫，元鼎至元封三年间去世，葬在霸陵郎官亭东面。

卫皇后卫子夫，生太子刘据、卫长公主、石邑公主、诸邑公主，在巫蛊之祸时与时为太子的刘据一起遭受奸人陷害，被刘彻收取皇后玺绶后自杀。

妃嫔中生有儿女的或者受宠的还有以下几位：

李夫人是宫廷乐师李延年的妹妹，生刘髆。赵婕妤世称钩弋夫人或拳夫人，生汉昭帝刘弗陵，后被追封为赵太后。还有王夫人生齐怀王刘闳；李姬生刘旦、刘胥；夷安公主与盖长公主生母不详。另有尹婕妤、邢娙娥，没有孩子。

在这些女人中，陈阿娇、卫子夫、李夫人和钩弋夫人特别引人注目。可以这样说，如果没有这四个女人，就没有汉武帝一生的辉煌，她们称得上是汉武帝一生中最重要的四个女人。

陈阿娇是刘彻登上皇位的重要推手。

汉武帝刘彻自幼和长公主刘嫖之女阿娇确立了"娃娃亲"，刘嫖不断在汉景帝面前夸奖未来的女婿刘彻，最终使得汉景帝下决心立刘彻为接班人。"金屋藏娇"的故事就指的是陈阿娇。

后来，由于年龄比刘彻大的阿娇逐渐年老色衰，加上没有生育子女，而且妒忌成性，刘彻非常厌恶她，进而借"巫蛊"之由剥夺了她的皇后之位，命其退居长门宫，过起了孤独凄凉的生活。这个昔日的娇媚娘，悲凉地死在长门宫，年仅三十八九岁。

卫子夫帮助汉武帝成为一代威武之君。

卫子夫原本是汉武帝的姐姐平阳公主家的一个歌女。汉武帝在平阳公主家的一次宴会上被卫子夫迷住，进而宠幸了她并带回宫中。卫子夫生的儿子刘据后来被立为太子，弟弟卫青被任命为车骑将军，外甥霍去病也被提拔重用，在征讨匈奴时立下汗马功劳。后来江充诬陷太子参与巫蛊作祟，刘据自缢而死；卫子夫交出皇后玉玺，悬梁自尽；卫氏三族也被诛灭殆尽。

李夫人无疑是汉武帝一生中最爱的女人，同时也是中国"倾国倾城"第一人。李夫人能够来到汉武帝身边，是因为当时在汉宫内廷担任音律侍奉的哥哥李延年创作的那首新歌：

北方有佳人，绝世而独立。一顾倾人城，再顾倾人国。宁不知倾城与倾国？佳人难再得！

这是李延年所创的新曲，汉武帝对其描绘的佳人大感兴趣，李延年趁机极力推荐妹妹。汉武帝一见果然生得云鬓花颜、楚楚动人，且精通音律。自然、奔放的李妍给了汉武帝一种全新的感觉，加之她悠扬婉转的歌喉和翩翩欲飞的舞姿，言谈举止非宫中妇人可比，汉武帝意兴蓬勃，马上册封她为"夫人"，一时间神魂颠倒，甚至三天不上朝。

李夫人入宫后，刘彻大加宠幸，不久生一男，是为昌邑王。李夫人红颜薄命，不久患病而死，佳人音容让汉武帝久不能忘。

汉武帝命以皇后之礼厚葬，并亲自让画工绘制李夫人像悬挂在甘泉宫中。为了能够再与梦系魂牵的李夫人见上一面，多情的汉武帝不惜让方士在皇宫里设坛作法招魂，但终究芳踪难觅。汉武帝死后，汉昭帝追封李夫人为孝武皇后，并将其衣物与汉武帝合葬。

但李夫人逝去不久，她的哥哥李延年、弟弟李季都被刘彻以奸乱后宫的罪名诛灭了全家；她的另一个哥哥李广利正在前线与匈奴作战，因牵连宫中争斗事件，害怕株连治罪，率兵投降匈奴，其在京城的家人被悉数诛灭，无一人幸免。此时，李夫人的千种风情和百般妩媚都被刘彻丢到爪哇国去了。红颜到底是福是祸，让人慨叹不已。

钩弋夫人是最为悲催的妃嫔。

公元前 95 年，刘彻往北部巡视，得到了美艳照人、秀色可餐的少女赵钩弋，龙心大悦，召其回宫，起造巨厦名为"钩弋宫"。那年，刘彻 50 多岁，赵钩

钩弋夫人

弋只有十七八岁，老夫少妻，刘彻将赵钩弋视如至宝。

据说赵钩弋怀胎 14 个月，产下一男儿，便是后来的汉昭帝刘弗陵。刘彻老年得子，乐不可支，他说："唐尧帝也是怀 14 个月才出生的。"于是，又把"钩弋宫"改名"尧母门"。

太子刘据因"巫蛊事变"自杀后，汉武帝另立刘弗陵为皇太子，以避免女主擅政、危害社稷之由杀掉了钩戈夫人。在对待女人的事情上，汉武帝从来不手软。不久，汉武帝病死，年仅 7 岁的刘弗陵在霍光等人的辅佐下继承皇位，成为西汉第八位君主。刘彻的残忍放在历史的长河里看，确实有高明之处，为儿子涤除了节外生枝的可能。

汉武帝把身边最倚重的女人的资源可谓开发到了极致。

第三节 "巫蛊案"与"罪己诏"

自古打江山容易、守江山难，汉武帝积极发动战争，为的是以攻为守，也为的是给后世子孙开太平。

汉武帝一直没有停止对匈奴的用兵。汉朝和匈奴交战有胜有负，其实基本上是打平或者吃了败仗的。卫青、霍去病时虽打过几场大胜仗，让匈奴暂时沉寂了下去，但并没有撼动匈奴的实质。经过数年积蓄力量，匈奴又强壮起来。后来汉武帝起用将军李广利继续对匈奴用兵。

李广利和李夫人、李延年、李季是一母同胞的兄妹。武帝由于对李夫人的思念才封李广利为将军，让他在战场建功封侯。征和三年（前90年）正在前线作战的李广利因巫蛊案牵连宫中斗争后投降匈奴，汉军损失巨大。这一切对汉武帝打击很大，一段时间汉武帝处于消极状态。由于连年征战，加之汉武帝到处求仙封禅，国库开始空虚，百姓怨言时有耳闻，刘彻也开始反思自己。

一场太子巫蛊案彻底让汉武帝感到了悲凉和清醒。

那么巫蛊案到底是怎么回事呢？这和一个叫江充的人是分不开的。

江充本名齐，西汉赵国邯郸（今河北邯郸）人。江充有个漂亮的妹妹嫁给了赵国太子刘丹，江充开始与刘丹关系融洽，后来却产生了矛盾，江充的父兄因此被杀，他侥幸逃脱，更名为江充，来到京城寻机状告刘丹。汉武帝欣赏江充状告赵国太子的勇气，召见了他。不久江充受到了重用——担任了直指绣衣使者。这一官职的主要职责是监管文武百官，身穿绣衣，持节发兵，有权代表皇帝诛杀违法的朝廷官员，实际成为汉武帝特务机关的头目。江充善于揣摩汉武帝的心思，渐渐为所欲为，也因此和许多官员、馆陶公主以及太子刘据都有了矛盾。

汉武帝还喜欢任用酷吏，加重刑罚，把杀人当作儿戏。武帝晚年十分奢侈，常常大兴土木，致国库渐渐空虚，民有怨声。

刘据敦厚良善，经常劝武帝与民休息，尽量减轻老百姓的负担，实行宽厚仁慈的政策。于是，汉武帝逐渐对刘据产生了不满和厌恶。

汉武帝最喜欢的是小儿子刘弗陵。他经常夸耀刘弗陵像自己，甚至有废了太子刘据、改立刘弗陵做太子的念头。加上汉武帝的其他妃嫔相继生下了儿子，卫子夫也渐渐色衰失宠，正是这些因素逐渐让江充任意揣度，恣意对待太子。江充经常在汉武帝跟前诽谤太子，尤其是在卫青死后，更加倍地诬陷他。

汉武帝晚年出现了巫蛊之祸，刘据时任丞相的姨父、表兄弟卫伉以及阳石公主等人深陷此案被杀，刘据自己也惹祸上身，卷入了此案。

江充目睹武帝已年老，怕他死后太子刘据继承皇位报复自己，于是与李广利、刘屈氂等共谋废太子，欲立汉武帝第五子昌邑王刘髆。刘髆是李广利的外甥。在丞相刘屈氂的支持下，江充决定借公孙贺蛊惑案罗织罪名陷害太子和卫皇后。

诸邑公主与阳石公主就死于巫蛊之祸。当时京城巫蛊术十分盛行。巫蛊其实就是人们制作木头人，在上面刻上冤家仇家的姓名，然后再放到地下或者自己的房子里，日夜不停地用针扎或谩骂诅咒。据说这样诅咒下去，就可以让对方遭殃、自己得福。这种巫蛊术传进皇宫后，那些怨恨皇帝、皇后和其他人的美人、宫女，也纷纷埋藏木头人，偷偷地诅咒起来。

汉武帝本身很迷信，所以很相信这一套。有一天中午，他正躺在床上睡觉，忽然梦见有很多个手持棍棒的木头人打他，把他给吓醒了。他认为有人在诅咒他，立即派江充去追查。

江充已经变得心狠手辣，他找了不少心腹，到处发掘木头人，并且还用烧红的铁器钳人、烙人，屈打成招。不管是谁，只要被江充扣上"诅咒皇帝"的罪名，就不能活命。没过多少日子，他就诛杀了好几万人。

这是一场大惨案，丞相公孙贺一家，还有卫皇后的女儿阳石公主、诸邑公主都被汉武帝斩杀了。江充见汉武帝居然可以对自己的亲生女儿下毒手，就更加肆无忌惮。他让巫师故意对汉武帝说："皇宫里有人诅咒皇上，蛊气很重，若不把那些木头人挖出来，皇上的病就好不了。"

江充来到太子宫掘出让人偷偷置放的桐木人偶。当时武帝去了别处避暑，太子问询少傅石德，石德建议太子越权行事，拘捕江充等人。

太子派人假冒使者收捕并斩杀了江充等人。江充的助手宦官苏文逃到武帝处，向武帝控诉太子。武帝疑惑，派使者召太子问询，但使者不敢到太子那里去，便回报武帝说"太子反已成，欲斩臣，臣逃归"。武帝震怒，下令丞相刘屈氂率兵平乱。太子纠集了数万人，与丞相军队激战五日，死伤无数。最后太子势孤力弱而兵败，逃离长安。卫皇后自杀，太子宾客多人亦被捕杀。

太子逃到湖县（今河南灵宝西）一户贫家，户主以卖鞋维持太子生活所需。官吏循迹围捕太子，太子悬门自杀，户主亦被杀。

太子有三子一女，全部因巫蛊之乱而遇害，只有孙子刘病已被狱吏丙吉带出宫。

因巫蛊案受牵连被杀者之多骇人听闻，以至很长时间此事被视为禁语。后来高寝郎田千秋上书讼太子冤，把嘴上不说心里很痛的汉武帝彻底惊醒。汉武帝派人彻底调查，才知道卫皇后和太子刘据从来没有下过蛊，这一切都是江充搞的鬼。这场祸乱让他死了一个太子和三个孙子，令他既悲伤又后悔。武帝遂"擢千秋为丞相，而族灭江充家，焚苏文于横桥上，及泉鸠里加兵刃于太子者，初为北地太守，后族。上怜太子无辜，乃作思子宫，为归来望思之台于湖。天下闻而悲之"。

汉武帝这人就是凡事都后悔，对卫子夫、李夫人也是如此，也许反思多了，才导致他的醒悟。其实，汉武帝发动这场运动的动机，一是刘据太懦弱，内心太仁慈，不像自己；二是自从刘弗陵出生，武帝心生欢喜，有换刘据的想法；三是由于对卫氏集团的忌惮而加强了逐渐疏远刘据的心理。更加上卫氏集团的代表公孙贺的对立面屡进谗言，武帝对太子越发不满。江充是一个善于揣摩汉武帝心理的人，让埋在汉武帝心里的孽种滋长，才酿成了这场空前的灾难。

死了儿子、孙子才彻底触到武帝的痛点，加上前线李广利战事失利，更加上多年来四处求仙封禅而不得的迷茫，种种打击使武帝心灰意懒，他终于幡然悔悟。

征和四年（前89年），桑弘羊等人上书汉武帝，建议在轮台（今新疆维吾尔自治区轮台县）戍兵以备匈奴。汉武帝此时已然反思了自己的所作所为，于是驳回了桑弘羊等人的建议。

在祭祀祖先之后，汉武帝下了一道诏书，史称"轮台诏"，也称"轮台罪己诏"。

前有司奏，欲益民赋三十助边用，是重困老弱孤独也。

而今又请遣卒田轮台。轮台西于车师千余里，前开陵侯击车师时，危须、尉犁、楼兰六国子弟在京师者皆先归，发畜食迎汉军，又自发兵，凡数万人，王各自将，共围车师，降其王。诸国兵便罢，力不能复至道上食汉军。汉军破城，食至多，然士自载不足以竟师，强者尽食畜产，赢者道死数千人。朕发酒泉驴、橐驼负食，出玉门迎军。吏卒起张掖，不甚远，然尚厮留其众。

曩者，朕之不明，以军候弘上书言"匈奴缚马前后足，置城下，驰言'秦人，我匄若马'"，又汉使者久留不还，故兴遣贰师将军，欲以为使者威重也。古者卿大夫与谋，参以蓍龟，不吉不行。乃者以缚马书遍视丞相、御史、二千石、诸大夫、郎为文学者，乃至郡属国都尉成忠、赵破奴等，皆以"虏自缚其马，不祥甚哉"，或以为"欲以见强，夫不足者视人有余"。

《易》之卦得《大过》，爻在九五，匈奴困败。公军方士、太史治星望气，及太卜龟蓍，皆以为吉，匈奴必破，时不可再得也。又曰："北伐行将，于鬴山必克。"卦诸将，贰师最吉。故朕亲发贰师下鬴山，诏之必毋深入。今计谋卦兆皆反缪。重合侯得虏候者，言："闻汉军当来，匈奴使巫埋羊牛所出诸道及水上以诅军。单于遗天子马裘，常使巫祝之。缚马者，诅军事也。"又卜"汉军一将不吉"。匈奴常言："汉极大，然不能饥渴，失一狼，走千羊。"

乃者贰师败，军士死略离散，悲痛常在朕心。今请远田轮台，欲起亭隧，是扰劳天下，非所以优民也。今朕不忍闻。大鸿胪等又议，欲募囚徒送匈奴使者，明封侯之赏以报忿，五伯所弗能为也。且匈奴得汉降者，常提掖搜索，问以所闻。今边塞未正，阑出不禁，障候长吏使卒猎兽，以皮肉为利，卒苦而烽火乏，失亦上集不得，后降者来，若捕生口虏，乃知之。当今务在禁苛暴，止擅赋，力本农，修马复令，以补缺，毋乏武备而已。郡国二千石各上进畜马方略补边状，与计对。朕即位以来，所为狂悖，使天下愁苦，不可追悔。自今事有伤害百姓，靡费天下者，悉罢之。

这份诏书，是中国历史上第一份帝王罪己诏。敢于罪己，置自己过失于天下舆论中心，汉武帝无疑是第一人！

然而，汉武帝毕竟是人不是神，有人的七情六欲，有人的性格缺陷，当然也有成绩和失败。

除了客观环境——连年征战、赋税过高外，有两个人对汉武帝颁布罪己诏有着或直接或间接的推动作用。这两个人一位是汲黯，另一位是董仲舒。

汲黯是个耿直的人，好直言诤谏，主张与匈奴和亲，不喜欢战争。他认为战事让百姓的赋税加重，再加上盐铁专卖，官府开始买官卖官，天下愁苦。晚年逐渐开始反思自己的汉武帝对汲黯的这些主张有了深刻思考。

董仲舒主张罢黜百家、独尊儒术。儒术强调顺应天意，弘扬天人感应。董仲舒把一些自然现象都解释为上天对天子统治不满而降下的处罚，认为人君为政应"法天"、行"德政"、"为政而宜于民"，否则"天"就会降下种种"灾异"以"谴告"人君；如果人君不知悔改，"天"就会让人君失去天下。汉武帝虽然神勇威武、南征北战，但他很相信上天的力量。他是人，也是个怕死的人，而且怕得更甚。汉武帝斥巨资封禅出游，多次派人去求蓬莱真身；还在宫里建了个双手捧铜盘的金铜仙人，每天接露水喝，据说能长生不老。而罪己诏是汉武帝对天下百姓的自省，也是对上天的自省。

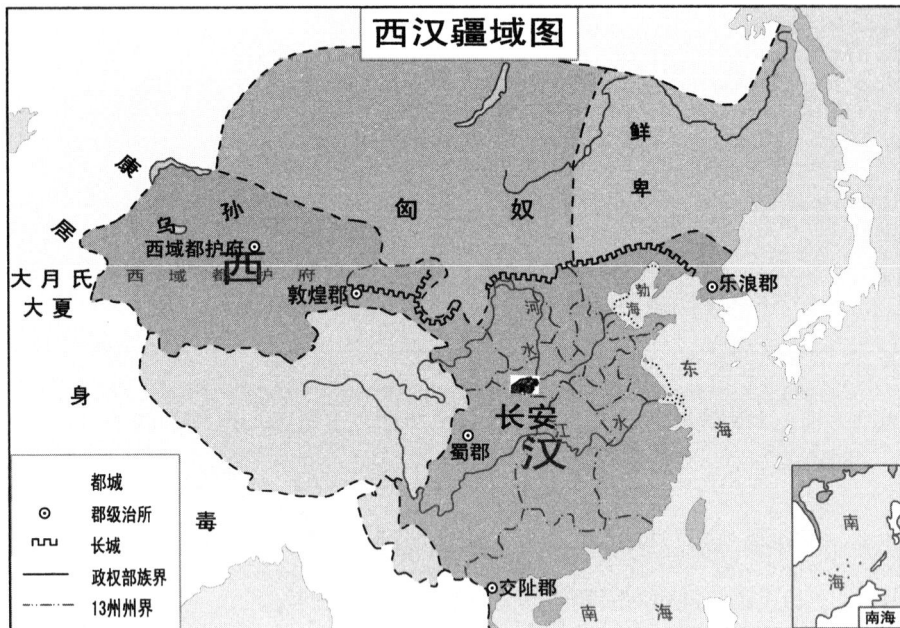

西汉疆域图

一个耿直的和平主义者汲黯，加上一个主张天人感应的董仲舒，再加上一个多年征战、赋税过重、民不聊生的大环境，以及巫蛊案的血雨腥风，促使迟暮之年迷信怕死但心中仍有责任感和宏图伟业的汉武帝降下了《轮台罪己诏》。

第二章

一代英主

汉昭帝

第一节　托孤五柞宫

不知是因为五柞宫景色宜人，还是情感有所寄托，武帝喜欢来这里，而且每次都是恋恋不舍，一住就是多日。后元二年（前87年）早春二月，69岁的武帝再次来到五柞宫。也许为了换换心情，毕竟宫里发生的一系列事让他郁闷，他就直奔自己喜欢的五柞宫感受春天的气息。春寒料峭，武帝偶感风寒，竟一病不起，连返回长安的力气都没有了。

跟随他一起来的奉车都尉霍光是他最信任的大臣。霍光泪流满面地说："万一陛下有个三长两短，谁来继承皇位呢？"

汉武帝将早已让人画好并一直藏在身边的《周公背成

王朝诸侯图》拿了出来，亲手交给霍光，又传召金日磾、上官桀、桑弘羊入内，与霍光一起站在他的病榻前。

汉武帝让几位近臣集体看了一遍《周公背成王朝诸侯图》之后，问："你们都看明白了吗？"众人沉默。紧接着，他缓慢而有力地下达了诏令：以霍光为首，同心协力辅佐只有8岁的少帝刘弗陵。几位辅臣受封、叩谢后才顿悟那张画的深刻含义。刘弗陵好比当年的幼主周成王，霍光好比周公旦。汉武帝遂册封霍光为大司马大将军，金日磾为车骑将军，太仆上官桀为左将军，搜粟都尉桑弘羊为御史大夫。四人跪在汉武帝榻前，接受了遗诏，受命帮助年幼的小皇帝。

第二天汉武帝就死了，这位叱咤风云的英雄留下满腔壮志和遗憾走了，享年69岁。武帝的遗体运回京城安放在未央宫前殿，举国发丧，三月甲申葬于茂陵，庙号世宗。

太子刘弗陵当了皇帝，即孝昭皇帝。辅佐幼帝的这几位大臣都是汉武帝生前喜欢或者倚重的。

2011年考古人员在周至县集贤镇集贤东村发现了一处遗址，在研究了夯土、陶下水管、云纹瓦当后，确认为秦汉遗址。当地的学者和村民进一步推测，这有可能是汉武帝五柞宫遗址。这与此前认定的五柞宫遗址不在同一地点。

《周至县志》、史料上面都记载了五柞宫的方位以及相对距离："五柞宫在周至南三十八里。""长杨、五柞二宫相去八十里，中有清梧观；五柞宫西有清梧观，观前有三梧桐树。"

其中一个重要的参照物——长杨宫，其遗址20多年前已经找到，在周至县终南镇竹园头村。因此，根据方位推测，五柞宫应该在集贤镇。

《三辅黄图·甘泉宫》曰："五柞宫，汉之离宫也。"因为宫内有五柞树，其树荫覆盖数亩之大，所以称作五柞宫。《西京杂记》也有记载。

五柞宫遗址找到了，可是汉武帝却一去不复返了。那段托孤的故事至今依然动人。

前些年，甘肃玉门花海汉代烽燧遗址所出觚上书，被认为是武帝遗诏的抄写本，据说是一个戍卒手抄的。抄本不全，文字舛误颇多，然其意仍大致清楚。

抄本诏书文字内容见下：

制诏：

皇［太］（大）子，朕体不安，今将绝矣！与地合同，［终］（众）不复起。谨视皇［天］（大）之［嗣］（筍），加［增］（曾）朕在。善［遇］（禺）百姓，赋敛以理；存贤近圣，必聚谞士。表教奉先，自致天子。胡亥自［圮］（汜），灭名绝［祀］（纪）。审察朕言，［终］（众）身毋［已］（久）。苍苍之天不可得久视，堂堂之地不可得久履，道此绝矣！告后世及其［子孙］（孙子）。忽忽锡锡，恐见故里，毋负天地。更亡更在，□如□庐，下敦同里。人固当死，慎毋敢佞。

这当然不是遗诏的全文，文字也不会是原文，但从语气可断定是出自武帝之口。特别是"朕体不安，今将绝矣！与地合同，众不复起"，"苍苍之天不可得久视，堂堂之地不可得久履，道此绝矣"，以及"人固当死，慎毋敢佞"三句，显然出自垂死之人，而不会是代拟遗诏的人臣之手。

这份遗诏抄本，通篇流露出来的都是对生的留恋、对死的恐惧。"薤上露，何易晞。露晞明朝更复落，人死一去何时归。"人生如朝露，去日苦多，自古如此。在死亡面前，帝王与老百姓是平等的。

读罢这篇遗诏，让人泪流满面。一位雄才大略的皇帝、一位叱咤风云的英雄亦不得不面对死亡。

刘彻不甘心却又无奈，因而对托孤的几位重臣寄予厚望。

首先说说寄予周公般重任的霍光。

霍光，字子孟，他的父亲叫霍仲孺，是河东郡平阳县人。霍仲孺原来在县衙里当过小吏，后被派到平阳侯家里当差。他和平阳侯家的侍女卫少儿私好，卫少儿生了霍去病。霍仲孺回家后又娶了妻子生下霍光，便逐渐遗忘了卫少儿。过了好长时间，卫少儿的妹妹卫子夫受到汉武帝的

霍光像

宠爱，当上了皇后。霍去病因为是卫子夫姐姐的儿子，所以也很受宠爱。长大以后他才知道自己的爸爸是霍仲孺。在被任命为骠骑大将军攻打匈奴途经河东郡时，他便想见见霍仲孺。河东太守早早在地界上迎接霍去病，替霍去病背着弓和箭，在前面带路。到了平阳站的驿馆，霍去病便让手下去接霍仲孺。霍仲孺跑着进去拜见霍去病，霍去病急忙上前，跪在地上行大礼说："我以前不知您是我的父亲！"霍仲孺此刻估计是诚惶诚恐又暗含喜悦，他跪在地上磕头，说："我这个糟老头子把生命交给将军，这是老天爷的安排啊！"霍去病身负使命不敢多停留，他让河东太守安排给霍仲孺许多田地、房屋和奴婢。霍去病攻打匈奴回来又从平阳经过，霍仲孺自知不能给霍光带来光明前途，就把他托付给了霍去病。于是霍去病就带着霍光来到长安，这时霍光才十一二岁。霍去病和汉武帝私交很好，又立了大功，汉武帝立即爽快地封霍光为郎官，后又慢慢地升为侍中，掌管尚书下面各部的事务。霍去病正值英年却早早去世了，霍光和霍去病的儿子霍嬗一起受封做了奉车都尉。但不久霍嬗得病死了，汉武帝令人作《思奉车子侯歌》表示怀念之情。霍光当上了奉车都尉兼光禄大夫，汉武帝出宫时，他驾驶马车，回宫后就侍奉在汉武帝周围。他出入宫廷20多年，谨小慎微，汉武帝非常信任他。

征和二年，太子刘据被江充陷害，被迫自杀。三子燕王刘旦、四子广陵王刘胥都让武帝不满意，因而汉武帝无意让他们当皇帝。这时汉武帝感觉自己已经老了，想让宠姬钩弋夫人赵婕妤生的儿子刘弗陵做皇帝，寻思让一位大臣帮助他治理国家。汉武帝认为只有霍光有能力也有威望，能帮助小皇帝，于是就让黄门署的画师画了一幅周公背着成王接受诸侯拜见的画赐给了霍光。

后元二年春天，汉武帝到五柞宫去玩，一病不起。汉武帝让霍光辅佐幼儿，霍光磕头推让说："我比不上金日磾。"金日磾也推让说："我不是汉族人，我比不上霍光。"汉武帝下诏让霍光当了大司马大将军，金日磾当了车骑将军，太仆上官桀当了左将军，搜粟都尉桑弘羊当了御史大夫。四人跪在汉武帝床前接受了遗诏，决定一起完成托孤大任。

第二天汉武帝就死了，太子刘弗陵当了皇帝，就是孝昭皇帝。昭帝那时才8岁，国家大事全由霍光来决定。后来霍光辅佐昭宣二帝，权势达到极点。

　　地节二年（前68年），霍光去世。霍光墓位于兴平市南位镇东陈阡村南部，毗连咸阳地界，西距茂陵约4公里，南面为兴平市西吴镇豆马村，即渭北高原南边沿。

　　第二个说说汉朝的经济奇才桑弘羊。

　　桑弘羊生年不详，卒于元凤元年（前80年），洛阳人，西汉政治家、财政大臣，事汉武帝、汉昭帝两朝，历任侍中、大农丞、搜粟都尉、大司农、御史大夫等职，因功赐爵左庶长。

桑弘羊像

　　桑弘羊出身商人家庭，13岁时以精于心算展现出理财、会计的过人天赋；后又以神童"赀选"做了侍中，在宫里做陪读，陪读的对象之一就是刘彻。刘彻大他几岁，两人玩得很好。桑私羊做了27年侍中，在40岁时被任命为大农中丞，开始执掌大汉的经济命脉。

自元狩三年（前120年）起，在武帝大力支持下，桑弘羊先后推行算缗、告缗、盐铁官营、均输、平准、币制改革、酒榷等经济政策，同时组织60万人屯田戍边，防御匈奴。这些措施都在不同程度上取得了成功，大幅度增加了政府的财政收入，为武帝的文治武功奠定了雄厚的物质基础。然而他在推行政策时也得罪了相当一批官员，尤其是自诩为儒家的官员，他们认为桑弘羊唯利是图，是儒家的耻辱。

后元二年（前87年），汉昭帝即位，桑弘羊迁任御史大夫，与霍光、金日磾等受武帝遗诏，同为辅政大臣。汉武帝之所以选择桑弘羊，是想让他实现自己"与民休息"的遗愿。始元六年（前81年），盐铁会议召开，因贤良、文学指责盐铁官营和均输、平准等政策"与民争利"，桑弘羊与之展开大辩论。会后，废止酒类专卖，其他政策仍沿袭不变。

元凤元年九月，桑弘羊因与霍光政见发生分歧，被卷入燕王刘旦和上官桀父子的谋反事件，最终受牵连被杀。

再下来说说金日磾。

中国历史上最高规格的军队葬礼发生在汉代，享受这种葬礼的人被称作"轻车介士"。汉武帝时期有10多位功绩卓著的将士死后享"轻车介士"待遇，金日磾就是其中之一。《汉书》载，金日磾死后，朝廷举行了隆重的丧礼，汉昭帝在茂陵旁赐冢地，允许以"轻车介士"的待遇出殡。

在今天的甘肃武威凉州区一带发现了匈奴休屠王城遗址。汉武帝元狩年间之前的休屠王城傍河而筑，是休屠王的官邸。阏氏于元光元年（前134年）生子，取名"日磾"，匈奴语意为"河边的朝阳"。

元狩二年（前121年）春，骠骑将军霍去病率兵进攻河西走廊，打了一场胜仗。《汉书》载："(霍去病)转战六日，过焉支山千有余里，合短兵，鏖皋兰下，杀折兰王，斩卢侯王……"河西战役战况惨烈，汉军大获全胜，霍去病率领的将士们马背上载有匈奴将士的首级8960颗，匈奴在河西走廊的总兵力损失70%。汉军还夺取了匈奴休屠王的"祭天金人",汉武帝非常高兴。因为祭天金人是匈奴族心目中"天上大单于"的金铸像,是匈奴人的精神信仰,夺走了祭天金人意味着匈奴休屠王部族的精神支柱将会崩塌。果然此后休屠王部族士气萎靡不振。这年夏天,霍去病再伐河西匈奴,匈奴又一次大败。匈奴大单于因河西浑邪王屡战屡败,欲召去王庭诛杀,浑邪王惧怕,便同休屠王商议向汉朝投降。于是,两王派出使者,到黄河边去向负责筑城的汉军官员李息求降。李息急报朝廷,朝廷担心诈降,便派霍去病率兵过黄河去应付。看到汉朝大军过河,匈奴稗王、将官中许多人因害怕心生悔意。休屠王和多数将官、稗王都想逃跑,浑邪王难以制止。霍去病见状,率兵直驱军帐中,与浑邪王会合。浑邪王和霍去病堵截逃兵,休屠王在逃跑途中被杀。休屠王阏氏和太子金日磾、金日磾的弟弟金伦被汉军俘虏押往长安,母子三人被分到黄门御马监养马,宿食于马厩。

休屠王阏氏"教诲两子,甚有法度"。阏氏本是陪公主和亲的汉族宫女,名叫花碑儿,后来嫁给休屠王。汉朝不杀敌人之子，大概就是因为阏氏是汉朝之女吧。在阏氏的教诲下，金日磾做事非常细心，即便是养马也很用心，他养的马匹总比别人的肥美。

一日，汉武帝带着几十名官员和后宫佳丽，到黄门御马监观赏马匹。这时，身材魁梧的金日磾牵着马走了过来，他养的马又干净又肥美。汉武帝因此对他产生了好感，遂招手叫他停下答话。汉武帝问了几个养马的问题，金日磾回答得都很在行，汉武帝很满意。听人说金日磾竟然是休屠王的太子，汉武帝非常诧异并感动，当日就下旨赐汤沐浴，更换衣冠，提拔他当了黄门御马监的总负责官——马监；时隔不久，又连连升迁他为"侍中、驸马都尉、光禄大夫"。汉武帝还将宗室女嫁给金日磾。

汉武帝行伍出身，爱马似命，常常从御马监挑选上等马匹驾驶御车出行，并且对马相、马行姿势要求都很严苛，稍不遂意，便换御马。因此，他对马官也要求苛刻，专门设"驸马都尉"一职，负责他出行的车驾安全，品秩在列侯之下、郎中之上，是个侍卫要职。

河西走廊休屠部族自古以来就以养马著称于世。金日磾幼年受部族养马熏陶，又接受了汉族宫廷养马的系统训练，积累了丰富的养马知识，因而他也是中国民间的"马王爷"的原型。

从"马监"一职到"侍中、驸马都尉、光禄大夫"三职加身，金日磾足足干了 30 年。汉武帝多疑而残忍，近侍和宠臣很难得到长期信任，唯独金日磾得到武帝长期信任，靠的就是忠诚和敬业。

后元二年二月丁卯日，汉武帝临死前在五柞宫召见重臣，嘱托霍光辅佐幼主登位。霍光知道汉武帝器重金日磾，不敢领此重托，就向汉武帝推荐金日磾。金日磾真诚地推让说："我本是外国人，如果让我辅佐幼主，会叫匈奴人笑话的。"汉武帝权衡再三，最终托付霍光等和金日磾共同辅政。

汉武帝驾崩的次日，年仅 8 岁的汉昭帝在霍光和金日磾主持下即位。始元元年（前 86 年），金日磾病重，卧床不起。两年前金日磾因殿前擒拿莽何罗有功，汉武帝赐他"秺侯"，金日磾谦恭不受。霍光怜他贵为辅佐大臣，却无侯爵，遂上奏汉昭帝，请求册封他为"秺侯"。朝廷的封侯印绶送到金府，金日磾已病入膏肓，无力起身跪接印绶，便躺在床上接了印。未过几日，金日磾就在长安府邸中去世了。

还有就是上官桀。桀，本意是残忍暴虐多难，应在上官桀身上真是不虚。

上官桀（前140—前80年），字少叔，西汉陇西上邽（今甘肃天水）人，年轻时任羽林期门郎，所以经常和汉武帝打照面。一次，他跟随汉武帝去甘泉宫，突然狂风大作，皇帝车上的伞盖都被风刮跑了。上官桀忙跑去拾回来，并站到武帝车上手持伞盖，替武帝挡住风雨，岿然不动，得到了汉武帝的欣赏。汉武帝升他做了未央厩令，管理宫里的马匹。汉武帝爱马，貌似好多大官都是从马官起步。

一次，汉武帝心情郁闷，到马厩来转转。他看着这些马问上官桀："我怎么发现这些马都瘦了？你是不是偷懒了，信不信我马上把你关起来？"上官桀也是尽心尽力，却被皇帝说马瘦了，他哪敢反驳？保命的本能让他说出了几句现在看起来都很虚假的话："陛下，臣听说您不幸染疾，内心焦虑，吃不好睡不好，日夜痛哭流涕，哪还有心思养马！"说完便呜呜大哭。原本生气的汉武帝瞬间被感动了，认为这个人很忠诚，就升他做了侍中，不久又做了太仆。乖舛之人必有奇招奇命，当然也包括奇祸。

上官桀官做得有声有色。他的儿子上官安娶了霍光的女儿为妻，两家结为姻亲，关系密切。每当霍光休假外出时，上官桀就代替他处理国家大事。官列九卿的他在汉武帝病重时成为托孤之臣，被汉武帝封为左将军，与霍光等一同受命辅佐幼主。由于先前捕杀造反的莽通立了功，上官桀又得以赐封安阳侯。

最后说说田千秋。

田千秋（？—前77年），战国时齐国宗室后裔，先祖于西汉初年徙居长陵（今陕西咸阳东北）。汉武帝喜欢以貌取人，"千秋长八尺余，体貌甚丽"，受到汉武帝喜爱，初为高寝郎。由于巫蛊罪太子刘据自杀，当时朝野都对太子刘据的死愤愤不平，认为太子本没有将矛头对准自己的父皇的意思，是被逼反的，但满朝文武皆噤若寒蝉，不敢多言。壶关三老令狐茂慷慨陈词，为出逃的太子辩护，可是汉武帝还沉浸在愤怒中，虽然有触动，但是没表态。全国处于白色恐怖中，人人只求自保，不敢妄发议论。汉武帝似乎越来越感到自己成了孤家寡人。刘据死了，他的宠臣江充也死了，汉武帝郁郁寡欢。

此时，田千秋一纸奏折打破沉默，勇敢地站出来替太子喊冤叫屈。虽然他只是一个高寝郎，但是一下触动了汉武帝脆弱的心。当然田千秋给皇帝上奏折也是用了策略的。他说："子弄父兵，罪当笞；天子之子过误杀人，当何罪哉！"奏章最后，他还假托别人："臣尝梦见一白头老翁教臣言。"于是武帝"乃大感寤"，任命田千秋为大鸿胪。田千秋成了仅次于三公的九卿之一。没几个月，刘彻又下了一道诏书罢免丞相刘屈氂，任命田千秋为丞相，并封其为富民侯。这期间田千秋又建议"理阴阳、顺四时""施恩惠、缓刑罚"，这些正符合刘彻缓解国内紧张局势的需要，封他"富民侯"之意就是让他与民谋福利。

田千秋之所以在短短几个月内升至位高权重的宰辅，有以下几个方面的原因：第一，体貌美好。"以貌取人"自古有之。第二，胆大正直。田千秋瞅准时机勇敢替废太子刘据讲话。第三，职务特殊。田千秋原本担任汉高帝庙的护卫官，汉武帝认为其是承上天的旨意。第四，时势要求。刘彻在晚年用田千秋为新一任丞相，明显有将国家的工作重心转移到以农业为核心的经济建设上来的目的，我们仅从刘彻所封田千秋的爵号"富民侯"中，便可窥得刘彻"悔征伐之事"的心情。

许多书上没有记载田千秋是托孤大臣，但也有一些典籍记述他是其中之一。可能是当时他没有在跟前，而受封有他。田千秋的传记上有"拜大将军霍光、车骑将军金日䃅、御史大夫桑弘羊及丞相千秋，并受遗诏，辅道少主"的记载。另外，霍光也曾对田千秋说过"与君侯俱受先帝遗诏"这样的话。由此便知，临终前头脑尚清醒的刘彻并没有忘记当朝相国田千秋，田千秋亦在顾命之列。这种说法于情于理都能够为人所接受，但他在顾命大臣中的地位却并不显耀。

汉武帝没有让田千秋继续担任首辅，主要是基于以下几点考虑：从亲疏远近考虑，显然霍光更亲近一些。从集团利益考虑，霍光是新兴贵族即刘邦开国功臣的下一辈贵族代表，田千秋则是知识分子代表。汉武帝本人就是最大的贵族，他当然选霍光。从国内政局考虑，卫霍两门五侯根深叶茂，军中威信极高。昭帝年少，显然霍光为首辅更能加强中央威信。从与匈奴关系来看，汉武帝一生主张主动出击，导致他在位期间武将之首大司马大将军地位隐隐高于丞相，他认为这样有利于对外作战。那么大将军霍光在丞相田千秋之上就不足为奇了。从私人感情来看，武帝对太子刘据和皇后卫子夫怀有深深的愧疚和思念，更引发了他对卫青、霍去病的想念和惋惜。因此这一切他都回馈到了霍光身上。每每看到眼前已经接近中年的霍光，他仿佛看到了时时刻刻谨小慎微、忠心耿耿的卫青，仿佛看到了意气风发、锐气逼人的霍去病，仿佛看到了泪流满面、含冤而死的刘据……

田千秋位居丞相，忠谨敦厚而有德，一般情况下他对霍光的做法都非常支持。霍光也有不满意之时，但好友杜延年劝他尊重老臣对他的辅政有帮助。霍光因此很看重田千秋，每次遇上瑞祥出现，都褒奖赏赐丞相田千秋。田千秋做了12年丞相，死后赐谥号为定侯。当初，因田千秋年老，皇上优待他，准许他朝见时乘坐小车进入宫殿，他因而得号"车丞相"，人们叫他车千秋。田千秋死后，他的儿子田顺继嗣为侯，官至云中郡太守。

综上所述，汉武帝喜欢颜值高的人，不光身边的女人是倾城之色，男人中如霍光、霍去病、金日磾、江充等都是相貌有仪被许以高官厚禄。然而以貌取人是会失察的，江充就是例子。

起初，这些顾命大臣克己奉公、谦让有礼，五人各安其事，霍光、金日磾、上官桀在宫中任职尚书，由霍光主持日常工作，丞相田千秋、御史大夫桑弘羊主持外朝，气氛还算融洽。然而霍光权力欲望炽烈，和这些老臣的矛盾越来越显现出来，最后成为你死我活的斗争。桑弘羊、上官桀都身败名裂；金日磾因死得早落下美名；田千秋诚惶诚恐，最后在霍光手下战战兢兢总算熬到老死。

第二节　汉昭帝继位初的政治环境

汉武帝刘彻为了缓解北方边境的压力，变文帝、景帝时期的忍让为主动出击，试图廓清匈奴势力的侵扰。毋庸置疑，这一点是积极的。常言说"打江山容易守江山难"，变守为攻，让匈奴疲于应付，但因为劳师远袭需要强大的后勤支持，所以财政就显得紧张了。

文景时代所遗留下来的社会财富已经不足以支持汉武帝的连年征战以及庞大的战备物资开支，桑弘羊等人建议采用盐、铁、酒国家专卖等由官方控制社会物资交流的措施，聚敛高额利润来补充军费。这样做不仅使军事行动得到有力的财政支持，还避免了个别商人操纵物价进而影响国民生计的危险。但是时间一长，这种国家垄断经济的弊端就暴露出来了。买官卖官是贪污腐败滋生蔓延的祸根，成了毒瘤。昭帝时就有人提出中止这种"战时国家资本主义"。

当初，桑弘羊等人的设想一是把地方实物贡赋就地化为通行货币或者丝绸，减少实物税收的运输费用；二是调节商品的供需波动，减少商人的投机机会，稳定物价。然而实际上地方政府不愿意也没有能力把实物贡赋转化为通行货币，于是干脆要求基层纳税人直接交纳通行货币。地方政府垄断市场之后，获取了高额垄断利润，但是底层纳税人的负担大大加重了；而且政府收购并没有带来物价平抑效果，因为自由流通商品奇缺，商人于是囤积商品，结果使得商品更加稀缺，由此造成物价暴涨。经济发展陷入恶性循环。加之政府收购过程中各级官吏中饱私囊，所以这一变革得不偿失。

集权派禁止民间买卖盐铁酒不仅为了充实财政，也是为了打击地方豪强势力，从而维护中央集权的威严。秦汉之际豪强多出于盐、铁、酒三个产业，这和如今的房地产、能源这些大佬产业何其相像。政府实行专卖之后削弱了地方豪强的经济实力，不过又出现了铁器质量问题。官府指定造成了垄断，没有人去

汉代瓦当

监督，更没有竞争者，因而出现质量问题，导致农业生产效率下降；同时地方政府为保障盐铁生产增加了民众劳役负担。各种因素累积之后使得农业生产严重受损。

儒家所倡导的自由经济模式可以化解同北方民族的对抗局势，缓解北方民族的生存压力，从而减少边境国防投入。

因此，昭帝即位之初，霍光就围绕是否改变盐铁官营、酒榷、均输等经济政策，与桑弘羊等人展开了斗争。

霍光与桑弘羊的矛盾，除了权力斗争之外，另一个原因是二人政见不同。霍光主张继续按照《轮台诏》抚恤民生的精神，逐步改革武帝旧政；而桑弘羊则主张继续深化武帝内兴聚敛、严刑峻法、外事四夷的方略，完成武帝未竟的事业。

这就是汉昭帝初年西汉权力中心的政治态势。盐铁会议就是在霍、桑明争暗斗、局面纷繁复杂的特殊时期召开的。这次会议之所以能够召开，其实是霍光对桑弘羊在外朝咄咄逼人之势的应对。他作为中朝官员不便出面，于是支持来自基层的儒生——贤良、文学，借力打力，通过他们在这次会议上攻击桑弘羊的政治主张，达到削弱对手的目的。

除霍光、桑弘羊两方以外，盐铁会议还有第三股政治力量——儒生。

众所周知，汉武帝即位以来有尊儒之举，初有"罢黜百家，表彰六经"，后又有罢所举贤良治申、商者及议明堂、改历服色、延文学儒者等举措。武帝做出上述一些尊儒之举后，对外即开始大兴征伐，对内则兴聚敛、严刑峻法之治。这三件事情是武帝最具雄才大略的政治活动。这些都与儒学学理相悖。儒家在对外关系上信奉的是修文德以来远人的"德化"之说；对内经济上主张不与民争利的"富民"论，法制上则主张以礼乐教化消除刑罚、"道之以德"的观念。所以，儒学实际上已被武帝弃如敝屣了，我们可以从武帝时用世的几位名儒看出端倪。

先来看董仲舒。董仲舒虽因上"天人三策"受武帝赏识，被视为武帝朝大儒的标杆性人物，但却仕途坎坷。他虽先后被任命为江都相、胶西王相，但却受主父偃、公孙弘等人嫉妒陷害，最终"恐久获罪，病免"，只能"去位归居，终不问家产业，以修学著书为事"（《汉书·董仲舒传》）。在短暂地被推崇后，这位以"推明孔氏，抑黜百家"著称的一代大儒就被武帝遗忘而靠边站了。

再来看公孙弘这个人。元光五年（前130年）公孙弘力主设立博士官、置弟子五十人的教育制度。这些源于儒家思想，代表了儒家政治的根本发展方向。以他所居的位置，若能坚持一贯如此，又能与董仲舒等大儒同心协力，儒学在武帝朝或许可以有大发展。可惜公孙弘没有与董仲舒齐心，反而肆意陷害，欲除之而后快。鉴于十年前自己忤逆汉武帝而被罢官的教训，公孙弘再次出世仕时已成为一个精于世故的滑头，在朝堂上"每朝会议，开陈其端，令人主自择，不肯面折庭争"，"奏事，有所不可，不肯庭辩"（《汉书·公孙弘传》）。对此，班固总结说："习文法吏事，而又缘饰以儒术。"公孙弘的儒学只是为官的工具和修饰罢了，已经不是"醇儒"。

武帝朝的另一位名儒儿宽，和公孙弘比较类似，本来也是比较纯粹的儒生，但在张汤等文法士手下逐渐用世，谙熟官场规则，因而缺乏大儒那种以礼乐教化济天下的高远理想。所以武帝向他请教巡狩封禅之事，他没有"信而好古"，反而认为武帝根据"事宜"自制即可。后来儿宽任御史大夫，"以称意任职，故久无有所匡谏于上"（《汉书·儿宽传》）。这种不作为，与"不肯面折庭争"的公孙弘又有何差别？

总的来讲，"习文法吏事，而又缘饰以儒术"型的儒生成为武帝朝用世儒生的主流。他们没有促成儒家学说在政治领域的领导地位。

当然也要看到，武帝初期的尊儒也有其重大影响。《史记·儒林列传》载，窦太后去世，武安侯田蚡为丞相，黜黄老、刑名百家之言，延揽文学儒者数百人后，"天下之学士靡然乡风矣"。武帝还在全国广设学校，招收生徒学习儒家经典。这确实进一步造成了儒学的复兴，一大批儒生逐渐被培养出来。这些儒生饱读圣人之言，胸怀治国平天下之大志，又耳闻目睹武帝各项政治活动长期持续所造成的民生苦难，心中积累了强烈的政治批判意识，如机缘巧合，满腔激愤必将喷涌而发。不过，武帝在位期间，他们不可能有这样的机缘，汉昭帝时他们才有了这样的机会。盐铁会议上，贤良、文学与桑弘羊发生激烈的冲突，他们对桑坚持的外事征伐、内兴聚敛、严刑峻法展开了前所未有的激烈批评，并由此广泛论及武帝朝民生、吏治、社会风俗诸多乱象。他们对这些问题的批评，无一不是基于儒学立场而发，进而提出"夫为君者法三王，为相者法周公，为术者法孔子，此百世不易之道也"的根本主张。这是武帝朝被边缘化了的儒生集团远承孔孟、近承董仲舒的精神，经过长期积蓄力量重返政治舞台，一改公孙弘、兒宽一辈儒生"缘饰"之法，要求结束武帝多欲政治，彻底施行仁义礼乐教化的儒家政治的重大信号。甚至可以说，西汉后期汉儒直至王莽都颇带理想主义色彩，很大程度上肇端于此。

盐铁会议前夕，汉昭帝的辅政大臣霍光和桑弘羊暗自较劲，山雨欲来风满楼，长安城里政治气氛诡秘，许多大臣无所适从。贤良人士跃跃欲试，桑弘羊虽然老谋深算，也隐隐约约感到了压力。

第三节　刘旦的威胁

汉武帝刘彻一共生育了六个儿子。

长子刘据的母亲是卫子夫，初立为太子，后因巫蛊事件，卫子夫母子遭人陷害自杀，刘据的三子一女也被杀害，独留下嫡长孙刘病已，后来承继帝统。

次子刘闳，王夫人所生，被封为齐王，在位仅8年，公元前110年病逝，被谥为齐怀王，死后无子绝传。

刘旦排行老三，次于长兄戾太子刘据、次兄齐怀王刘闳。广陵厉王刘胥和昌邑哀王刘髆分别居老四、老五，昭帝刘弗陵最少，居第六。

汉武帝与李夫人的儿子刘髆，于公元前88年病逝，被谥为昌邑哀王，从中可看出汉武帝的怀念、痛惜与悲哀之情。白发人送黑发人，再加上一个被自己亲手逼死的戾太子刘据，曾经不可一世的汉武帝刘彻到了晚年悲哀而凄凉。

刘弗陵的母亲是钩弋夫人——汉武帝晚年最为宠爱的

女人。太子刘据死后，刘弗陵成了汉武帝最喜欢的皇子，遂被立为太子。汉武帝死前，因怕主少母壮，钩弋夫人成为吕后第二，便下令将其赐死。另外，汉武帝又将年仅8岁的幼主托孤给霍光等大臣辅佐。

元狩六年（前117年）四月乙巳，刘旦与刘胥、刘闳同日被册封为燕王、广陵王和齐王，与周初封太公于齐、封周公于鲁、封召公于燕极其相似。

刘旦封国都城在蓟（今北京市城区西南部）。刘旦成年后就国，从长安徙居而去。武帝命令御史大夫张汤到宗庙告先祖立皇子刘旦为燕王。赐策曰：

於戏，小子旦，受兹玄社！朕承祖考，维稽古，建尔国家，封于北土，世为汉藩辅。於戏！荤粥氏虐老兽心，侵犯寇盗，加以奸巧边萌。於戏！朕命将率徂征厥罪，万夫长、千夫长，三十有二君皆来，降旗奔师。荤粥徙域，北州以绥。悉尔心，毋作怨，毋俷德，毋乃废备。非教士不得从徵。於戏，保国艾民，可不敬与！王其戒之。

从武帝策命刘旦的诏书中，可看出武帝对其寄予了厚望，让他北御匈奴、屏藩汉室。

因为嫡庶有分，储位也早安排好了，先帝对长子的维护是不遗余力的。

燕王刘旦和老四广陵王刘胥是一母同胞，在皇子排行中位置居中，孝武皇帝都是一视同仁的淡漠。

正因此，无论是封王之前还是之后，应该说燕王刘旦从没有产生过一丝对帝位的妄想。毕竟，论嫡长，皇子中谁也比不过刘据，何况他上面还有两位兄长；论贤良，太子刘据天下归心；论母亲所受的宠爱，刘旦的生母也排在最末位。

刘旦的母亲只是齐王生母王夫人的婢女，姓李。在王夫人有孕时，被王夫人安排受了一次帝恩，从而有了刘旦。后来，刘旦满月命名之口，天子又一夜恩宠，便又有了刘胥。

他们的母亲虽然生有两个皇子，但只是美人，这个位号在宫中次于夫人，而其他皇子的生母至少都是夫人。

武帝时与汉初已经有所不同，诸侯王对封国已没有太多的权力，刘旦便用心在学问上，史称刘旦为人有辩略，博学经书、杂说、星历、数术、倡优、射猎之事，有"贤王"之名。若不是出了巫蛊之乱，太子自杀，刘旦觉得自己一定会老死任上，成为与河间献王一样被人称颂的贤王，做自己喜欢又与国政无关的事情，时不时受到天子的褒奖。

但是，偏偏就出了巫蛊那场变乱。刘彻晚年为江充等人所蒙蔽，发生了"太子刘据之乱"。一场惨不忍睹的戕乱后，太子刘据及其子孙都被杀了（仅有一孙刘病已尚在襁褓中幸免于难）。

尽管杀的时候很过瘾，但是面对后继乏人的恐慌时，英雄一世贵为天子的刘彻第一次觉得人生是那样的无奈和悲凉。

得知长兄的死讯后，刘旦睡不着了。燕国臣子们则大肆鼓噪：太子死了，齐王死得更早，大王就是长子，帝位应该属于您。其他皇子——钩弋夫人的儿子太小，不必考虑；广陵王行为无法度，被天子痛斥已不是一两次了；昌邑王体质虚弱，还有比燕王更合适的储君人选吗？燕国上下都如此认为。被王后、宠姬以及左右近臣日夜劝慰的刘旦渐渐地被冲昏了头脑。

后元元年（前88年），他派使者来到长安，向父皇汉武帝上书，请求以长子的名义宿卫长安。他信誓旦旦地说父皇年迈，儿臣不放心，请求来到父皇身边，保卫父皇。武帝是何等聪明之人，怎能不知刘旦葫芦里卖的什么药？

一怒之下汉武帝"立斩其使于北阙"。可怜那个使者糊里糊涂地送了命。武帝又派人去燕国调查刘旦的用心。偏偏刘旦行为不大检点，在调查期间，被发现藏匿亡命之徒，这让正恼怒找茬的刘彻有了借口。于是武帝削掉他封国中的良乡、安次、文安三个县邑，以示惩戒。其实武帝也是害怕刘旦势大对未来太子不利，因而借机削弱居心叵测的刘旦的领地和势力。

汉武帝因此厌恶起刘旦。虽然太子刘据已死，但刘彻对那场事至今讳莫如深……

后元二年，汉武帝立最小的儿子刘弗陵为太子，对刘旦更是致命的打击。

武帝册立刘弗陵为皇位继承人后就在"轮台之悔"中郁闷而终。新皇帝继位后赐给诸侯王玺书，各地诸侯王在得到玺书之后，大多是立即上书中央，一方面对先帝的丰功伟绩表示深切缅怀，另一方面向新帝表示自己的崇拜和忠诚。而刘旦在接到玺书时，滑稽地感觉诏书的玺封比以往要小，不但没有悲哀之情，反而对燕国的大臣们说："这次的玺书规格比以前小，恐怕是长安发生了什么变故吧。"在比对之后，证明只是他的错觉，刘旦随即派遣亲信大臣寿西长、孙纵之、王孺到长安城里去探听虚实，打的旗号是向中央了解自己以后对新皇帝的礼仪。可见刘旦居心叵测，他安的什么心，谁能看不出来！

新帝刚立，一朝天子一朝臣，朝中大臣们首先考虑的是如何站好队、跟对人、讨好新主子，一番洗牌是避免不了的。政局纷纭复杂，百官皆谨言慎行。燕国一行人在长安竟进不了任何一个重臣的门，甚至连素来与燕王交好的盖长公主（鄂邑公主嫁盖侯王充，也称盖长公主）也怕被牵连而将他们拒之门外。最后王孺想办法见到了执金吾郭广意，他问："先帝因何病而崩？立谁为帝？年几岁？"啥时候了还问这样的问题？这不明摆着怀疑先帝的死因吗！何况送给他们的玺书早就告知了一切。收受了重礼的郭广意回答："那天我们在五柞宫等待先皇下诏书，宫里就传来了先皇驾崩的消息，然后各位将军就一起立皇太子刘弗陵即位当了新皇帝。他今年不过八九岁，连先皇下葬时都没有露面。"

燕国使者见郭广意的消息第二天就传到了霍光的耳朵里，郭广意即刻被免职，由河东马适建接任执金吾。郭广意说冤枉也不冤枉，只能说明他是个笨蛋。由此可见，霍光等大臣是防着刘旦的，不许任何人接触他。

王孺三人回到燕国后将郭广意的回话转告给了刘旦，并且自以为是地向刘旦分析了对这些话的理解：先皇的去世很可疑，更主要的是新皇帝是将军们"共立"的，未必是先皇的意思。昏了头的刘旦听后自然对王孺等人的分析很是赞同，怀疑新皇帝即位是朝中大臣操作的结果，姐姐盖长公主连新皇帝的面都见不着，这个事情确实很蹊跷。

刘旦不甘心，又派遣中大夫至长安上书："窃见孝武皇帝躬圣道，孝宗庙，慈爱骨肉，和集兆民，德配天地，明并日月，威武洋溢，远方执宝而朝，增郡数十，斥地且倍，封泰山，禅梁父，巡狩天下，远方珍物陈于太庙，德甚休盛，请立庙郡国。"这明显是要封国之赏，至少要他的封国和别的不一样。

奏报呈上后霍光不许，但褒赐燕王钱三千万，益封万三千户。刘旦要当皇帝，要什么封赐，于是大发脾气。他认为自己如今是武帝的长子，不是受人施舍的流民乞丐，这点封赐算什么！

怨恨之下，刘旦造出假消息，说先皇曾敕命他管理封国内官员事务，并且整顿军队以防止发生非常变故。在制造好舆论之后，刘旦又公然对燕国的大臣们说现在立为皇帝的那个人根本不是我们老刘家的种。燕国的大臣们都惊骇万分，但在刘旦淫威之下谁也不敢说什么。

大臣们的沉默使刘旦的贼胆进一步膨胀，他写信给故齐王的孙子刘泽，重复上面的谣言，并约其一起起兵，还派人到其他郡国散布谣言来动摇百姓之心。刘泽接到信后立即表示自己要回到齐国都城临淄发动部队，与他一起干。刘旦大喜，开始招揽人马，收敛铜铁做甲兵，并频繁检阅燕国的车骑官卒，又建旌旗鼓车。接着，刘旦带着相、中尉以下诸吏，勒车骑，狩猎于文安县。

燕国中也有明白人，郎中韩义等进谏的 15 人全部被昏了头的刘旦杀了。就在刘旦一心等着刘泽在临淄发兵策应他时，刘泽起事的消息被他的同宗刘成知晓，刘成一听立即向青州刺史隽不疑做了报告。隽很果断，立即收捕刘泽等人并上报朝廷。汉昭帝遣大鸿胪丞审理此事，刘泽还没等上刑具就招了与燕王之谋。汉昭帝因刘旦为其存世不多的长兄之一，明知其有反状，但考虑到自己刚刚登基，因而下诏不予治罪。汉昭帝刚刚即位，对根深叶茂的刘旦不得不有所隐忍，另外霍光不想树敌太多，又因刘旦因为走漏消息而偃旗息鼓，没有实质证据，所以下诏弗治，也好让刘旦能因此事而自省。

刘旦被赦免，而刘泽等人被诛。刘成有功受到了加封。

经此一场虚惊，刘旦更觉得中央政府不敢拿自己怎么样，他依旧贼心不死，继续图谋大位。

第四节 少年睿智的刘弗陵

刘弗陵（前94—前74年）是武帝的第六个儿子，也是最小的儿子，武帝死后继位。

刘弗陵是在武帝弥留之际被立为太子的。在此之前，武帝为了防止自己死后主少母壮，让吕后之事重演，将刘弗陵的生母赵钩弋赐死。武帝病死后，霍光等人于同月遵遗诏奉刘弗陵继位。由于对父亲汉武帝的敬讳，汉昭帝第二年（前86年）才改年号为"始元"。

关于汉昭帝刘弗陵到底是谁的儿子一直有争议，有人认为他是赵婕妤与大臣江充所生。

汉武帝晚年时，受宠的李夫人去世了，武帝一时失魂落魄。这时，十六七岁的人间尤物赵钩弋出现了，并以"奇女子气"得宠，居住在钩弋宫中。赵钩弋进宫不久就怀孕了，怀胎14个月生下刘弗陵，号称"钩弋子"。年过六十的汉武帝老来得子，十分高兴，更加宠爱钩弋夫人，也特别喜欢这个小儿子。史书载：闻昔尧十四月而生，今钩弋亦然，乃命其所生门曰尧母门。汉武帝虽有六个儿子，但太子刘据在巫蛊之祸中自杀身亡，事后，汉武帝后悔不已。太子死后，汉武帝迟迟未立太子。第二子早逝。剩余四个儿子中，刘旦想被立为太子，表现过于明显，最终招来杀身之祸。李广利和丞相刘屈氂诅咒汉武帝、谋划立刘髆为太子，事发后李广利投降匈奴，刘屈氂被腰斩。汉武帝去世前一年，刘髆去世。而刘胥只知道玩，不成器，不能做继承人。征和三、四年间（前90—前89年），汉武帝对年仅五六岁、体格健壮、聪明伶俐、很像他少年之时的刘弗陵特别宠爱，抱有很大期望，于是立其为太子。汉武帝死后，8岁的刘弗陵登基，是为汉昭帝。

昭帝刘弗陵从小就具有传奇性。他身材高大，五六岁就"壮大多知"。《汉书·外戚传上》载：钩弋子年五六岁，壮大多知，上常言"类我"，又感其生与众异，甚奇爱之，心欲立焉。

昭帝18岁加冠时身高达八尺二寸。根据秦汉的度量衡推算，西汉大尺承秦制，一尺长度为27.65厘米。不过这样一来，身高七尺三寸的霍光也超过两米了，因此排除大

汉昭帝像

尺。那么按一尺不低于23.1厘米的小尺计算，昭帝18岁时身高1.89米，这个是有可能的。

昭帝从小聪明伶俐。始元元年，昭帝8岁，有一只黄鹄飞入建章宫内的太液池中，群臣都认为是瑞兆，趁机讨好昭帝。昭帝非常高兴，就赏赐诸侯、列侯和各宗室成员，并亲自作歌吟唱："黄鹄飞兮下建章，羽肃肃兮行跄跄，金为衣兮菊为裳。唼喋荷荇，出入蒹葭；自顾菲薄，愧尔嘉祥。"

刘弗陵还派人修造了一座方圆千步的淋池。池中栽植分枝荷花，号为"低光荷"；池中又有"倒生菱"因池底的泥呈紫色，又称"紫泥菱"。昭帝非常喜欢淋池，常泛舟其上，通宵达旦地在这里游玩，并作词让宫女吟唱："秋素锦兮泛洪波，挥纤手兮折芰荷。凉风凄凄扬棹歌，云光曙开月低河，万岁为乐岂云多。"

因为沉溺其中，到了年底，大臣们上谏让昭帝不要耽于享乐。昭帝接受群臣规劝，不再贪恋享受，亭台楼榭、鸾舟荷枝也随着时间推移而被湮没。

刘弗陵自幼陪伴在汉武帝身边，对父亲的近臣都十分熟悉，尤其和与其年龄相仿的金日磾的两个儿子金建、金赏整天在一起玩；当了皇帝以后，又被同父异母的姐姐和宫女宠爱着，倒也很快乐。

在父亲身边耳濡目染，他变得"少年老成"，表现出过人的政治天赋，虽然时年只有 14 岁，但是他能慧眼识忠奸、破谗言。

刘弗陵即位后，遵照武帝遗诏，由霍光辅政，"政事一决于光"。霍光大权独揽，与很多大臣结怨。左将军上官桀、御史大夫桑弘羊都和霍光不和，多次设法陷害霍光，都被汉昭帝识破从而更加亲近霍光一党。

在危难之际平定内乱更加显示了汉昭帝刘弗陵的少年英才。

燕王刘旦一直心有不甘，和上官桀、御史大夫桑弘羊、鄂邑公主等人勾结，密谋杀霍光、废刘弗陵，由自己即位。霍光侦知这一阴谋后奏告刘弗陵，刘弗陵命田千秋发兵以谋反罪诛杀桑弘羊、上官桀等，刘旦知道大势已去而自杀，从而避免了一场政变。这时的刘弗陵年仅14岁，能够成功、迅速、果断地处理这样的大事，让人拍手称道，让百官惊奇。后人评价说："汉昭帝年十四，能察霍光之忠，知燕王上书之诈，诛桑弘羊、上官桀。高祖、文、景俱不如也。"

平定刘旦等内乱后，霍光得到汉昭帝的全面信任。汉昭帝18岁行冠礼之后，政事还是委与霍光。《汉书·霍光传》说："昭帝既冠，遂委任光。"由此霍光的辅政地位得到了巩固。

第五节　非凡的汉昭帝

汉昭帝遵从父亲的遗训，由霍光辅政，挫败了燕王刘旦等人的阴谋叛乱后，和霍光君臣相互信任，保持了西汉王朝的稳定。之后，昭帝在霍光辅政下，沿用武帝末期的严刑峻法制度，重视吏治，调查民间疾苦及冤案、官吏失职等事宜，处置纵容反叛的少府徐仁、廷尉王平、左冯翊贾胜胡等人，并先后四次察举贤良，为相的杨敞、京兆尹隽不疑等都是举贤良而来的。因内外措施得当，武帝后期遗留的社会矛盾基本得到了控制，西汉王朝的衰退趋势得以扭转。

昭帝即位伊始，大赦天下。这年七月赏赐了长公主及宗室，追赐赵婕妤为皇太后，起云陵。

始元元年闰九月，昭帝"遣故廷尉王平等五人持节行郡国，举贤良，问民所疾苦、冤、失职者"。这是每年的惯例，一般情况下都是遣职位较低的博士等巡行，这次高规格考察民情、赈济疾苦以及恢复生产，民众非常振奋。

始元二年（前85年）春三月，朝廷再次派使者"振（赈）贷贫民毋种、食者"，让民众感激涕零。到了秋八月，由于灾害仍然延续，收成不好，昭帝又颁诏：往年灾害多，今年蚕麦伤，所振（赈）贷种、食勿收责（债），毋令民出今年田租。

文帝、景帝和武帝时期也曾经免过田租，都是出于战争或者特殊原因。昭帝推行"与民休息"的政策基本遵循了武帝的遗诏，但是人们还都处于战争时期的老习惯中，朝中许多人还不能完全理解。谏大夫杜延年也多次提出"顺天意，悦民意，宜修孝文时政"，这让武帝时期盐、铁、酒类专卖政策下的受益者思想上有所认识，开始对文帝、武帝的政策议论优劣，为盐铁会议的召开奠定了政治基础。

始元五年（前82年）六月，昭帝又颁布了一道极为重要的诏令，令三辅、太常举贤良各二人，郡国文学高第各一人，为参加会议的民间人选做了精心安排。

始元六年（前81年）二月，经谏大夫杜延年提议，霍光以昭帝名义，令丞相田千秋、御史大夫桑弘羊召集贤良、文学60余人就武帝时期的各项政策特别是盐铁专卖政策，进行全面的总结和辩论。同年七月，会议闭幕，从此取消了酒类专卖和部分地区的铁器专卖。

召开盐铁会议坚持了汉武帝《轮台罪己诏》中所制定的政策，推行"与民休息"的措施，将公田交与贫民耕种，贷给农民种子、口粮，免除部分赋税、徭役，降低盐价，与匈奴保持友好关系。这些措施符合贤良、文学提出的"行仁政，以德治国"的意见。贤良、文学也受到统治者的重视，成为政治舞台上一股活跃的力量。

鄂邑公主对刘弗陵有养育之恩，元凤元年（前80年）春，昭帝特意下诏，将京畿之地东南的蓝田赐予长公主，增加汤沐邑。

汉昭帝始元七年（前80年），泗水戴王刘贺卒，"以毋嗣，国除"（《汉书·昭帝纪》卷七）。事实上，泗水王刘贺在后宫有遗腹子，而泗水国相、内史隐瞒不报，后经太后上书，汉昭帝刘弗陵"闻而怜之"，将国相与内史一起治罪，立刘贺遗腹子为泗水王。

三月，赐郡国所选有行义者涿郡韩福等五人帛，每人五十匹，送归故里。诏曰："朕闵劳以官职之事，其务修孝、弟以孝乡里。令郡、县常以正月赐羊、酒。有不幸者赐衣被一袭，祠以中牢。"

昭帝少年英才，霍光也是尽心尽力，重视民间疾苦、减免役赋，以昭帝名义做了许多有益于百姓的事情，认真履行了托孤重臣的责任。

刘弗陵在位期间的年号有如下几个：

始元：公元前 86 年—公元前 80 年

元凤：公元前 80 年—公元前 74 年

元平：公元前 74 年

《汉书》记载：

始元己亥，上耕于钩盾弄田。

秋七月，赦天下，赐民百户牛、酒。大雨，渭桥绝。

八月，齐孝王孙刘泽谋反，欲杀青州刺史隽不疑，发觉，皆伏诛。迁不疑为京兆尹，赐钱百万。

闰月，遣故廷尉王平等五人持节行郡国，举贤良，问民所疾苦、冤、失职者。

三月，遣使者振（赈）贷贫民毋种、食者。

秋八月，诏曰："往年灾害多，今年蚕麦伤，所振（赈）贷种、食勿收责（债），毋令民出今年田租。"

四年秋七月，诏曰："比岁不登，民匮于食，流庸（佣）未尽还，往时令民共出马，其止勿出。诸给中都官者，且减之。"

六年春正月，上耕于上林。

二月，诏有司问郡国所举贤良、文学民所疾苦。议罢盐、铁、榷酤。

柊中监苏武前使匈奴，留单于庭十九岁乃还，奉使全节，以武为典属国，赐钱百万。

夏，旱，大雩，不得举火。

元凤四年（前77年）春正月丁亥，帝加元服（即所谓的成人"冠礼"）。

五年六月，发三辅及郡国恶少年吏有告劾亡者，屯辽东。

六年春正月，募郡国徒筑辽东玄菟城。夏，赦天下。诏曰："夫谷贱伤农，今三辅、太常谷减贱，其令以叔（菽）粟当今年赋。"

元平元年春二月，诏曰："天下以农桑为本。日者省用，罢不急官，减外繇（徭），耕桑者益众，而百姓未能家给，朕甚愍焉。其减口赋钱。"有司奏请减什三，上许之。

从上述文字可以看出，昭帝在农业上不遗余力，做了许多切实可行的事。

在对外事务上，昭帝一方面加强北方戍防，多次击败进犯的匈奴、乌桓等；另一方面积极与匈奴和亲，并派使者要求放回前朝的使者等，以改善双方的关系。苏武就是在此时回到了汉廷，汉昭帝封他为典属国，专门负责少数民族事务。

昭帝时，乌桓逐渐强大，匈奴也趁机数犯汉朝边境。后元二年（前87年）冬，匈奴入侵北方边境，烧杀抢掠。朝廷一方面招募能征善射的士兵，一方面屯田于张掖郡，还派左将军上官桀巡视北部边疆。始元二年（前85年），匈奴左谷蠡王在汉使卫律等支持下继位，称壶衍鞮单于，与汉朝通好，并释放苏武回归汉廷。但是时间不长，匈奴又发兵两万骑袭击汉塞，昭帝坚决派兵出击，活捉瓯脱王，从此匈奴不敢再轻易入侵张掖郡。

元凤三年（前78年）冬，匈奴壶衍鞮单于怨恨乌桓为汉朝出力，报告匈奴情况，发骑兵两万袭击乌桓，乌桓猝不及防，伤亡惨重。昭帝遣度辽将军范明友率大军出辽东，迎击匈奴，匈奴害怕而撤兵。范明友遵从朝廷"兵不空出，即后匈奴，遂击乌桓"的策略，乘乌桓遭匈奴袭击之机，驱兵直奔乌桓，一举击杀乌桓三名首领以及部属6000余人，得胜还师。

元凤六年（前 75 年），乌桓人卷土重来，再次发兵犯幽州，范明友再次率军击退乌桓。此后，昭帝调整北方防务政策，缩减玄菟郡疆界，设立金城郡并招募郡国民众修筑防御工事。

汉武帝刘彻驾崩后，西南部分地区开始不服汉朝统治，多次发生反叛事件。始元元年（前 86 年）夏天，益州等地二十四邑夷民反汉，汉昭帝派水衡都尉吕破胡率军迅速将其平息，并划分河内、河东分别归属冀州、并州。始元四年（前 83 年），西南姑缯、叶愉等夷民部落再次起兵反汉，昭帝命吕破胡率大军征讨。吕破胡并非屡战屡胜，此次未能迅速进抵益州，致益州太守被杀，死伤军民 4000 余人。

始元四年冬天，为平定反叛，西汉朝廷又命将军王平、田广明率部讨伐，并调句町侯毋波的亲兵武装配合。到了始元五年（前 82 年）秋天，汉军斩夷众 3 万多人，掠获牲畜 5 万余头，遂平益州郡，句町侯毋波也因捕虏有功，封为句町王，封邑句町国，享受国县并置的特殊待遇。这些措施都极大地稳定了西南局势。

西域方面，因龟兹、楼兰联合匈奴反叛，杀了汉使官。元凤年间，汉朝廷派傅介子出使大宛前去问责，龟兹王和楼兰王被迫服罪，傅介子在龟兹斩杀了匈奴使者。元凤四年（前77年），昭帝再次派遣傅介子前往楼兰。傅介子以发放汉廷赏赐为名携带黄金锦绣至楼兰，于宴席中斩杀楼兰王安归，另立在汉楼兰质子尉屠耆为王，改国名为鄯善，迁都于扜泥城，成功解决了西域问题。

　　在文化方面，昭帝下令兴立太学，树立了民间积极向学的风气，对文化的传播起到了重大的推动作用，同时也使大官僚和大富豪子嗣垄断官位的情形有所改变，一些出身社会下层的俊才逐渐得到了入仕的机会。

　　昭帝时期还是汉代漆器生产的发达时期，元凤年间的沂水鲍宅山凤凰画像是现存最早的画像石；中国现存最早的弓用的完整箭支，也是昭帝始元六年（前81年）所制。

　　汉昭帝还多次大赦天下，释放了一些犯小罪的人，使其转化成生产劳动力，消除了社会积怨；释放了一批政治犯，有利于朝廷团结，增加了民众对政府的信任和支持。经济上轻徭薄赋，与民休息。由于战争使得老百姓困苦不堪，于是政府赈济灾民，发放粮食，免收地租，减少了劳役。虽然这些做法对社会现状不见得有多大改观，但是释放的与民休息的政策信息却深入民心。

由于昭帝刘弗陵推行"与民休息"的措施，加强北方戍防，平定西南叛乱，免去酒类专卖官吏，体谅民间疾苦，并罢不急之官，汉武帝时奢侈无度、连年征战所导致的"海内虚耗，户口减半"的形势终于得以显著扭转。

元平元年（前74年）春二月的减负诏书是汉昭帝下的最后一道诏书，这位频频施仁政的皇帝两个月后就去世了。汉昭帝时期边境也少付诸战事，达到目的就收兵。国家正在重新焕发活力，国库也渐渐有了积累，中兴之势头就此开始。

第六节 汉昭帝政策的承启

汉昭帝刘弗陵执政期间取得了不俗的政绩，当然也是霍光的政绩，两人相得益彰。

在霍光等的辅佐下，汉昭帝多次下令减轻赋税、与民休息，从而缓解了武帝末年因连年的对外战争、封禅等造成的国力严重损耗，使得百姓生活逐渐安稳，国库也有了积蓄，史载"百姓充实，四夷宾服"，为"孝宣中兴"揭开了序幕。

班固曾经赞曰："昔周成以孺子继统，而有管、蔡四国流言之变。孝昭幼年即位，亦有燕、盖、上官逆乱之谋。成王不疑周公，孝昭委任霍光，各因其时以成名，大矣哉！承孝武奢侈余敝师旅之后，海内虚耗，户口减半，光知时务之要，轻徭薄赋，与民休息。至始元、元凤之间，匈奴和亲，百姓充实。举贤良、文学，问民所疾苦，议盐、铁而罢榷酤，尊号曰'昭'，不亦宜乎！"

洪迈曰："汉昭帝年十四，能察霍光之忠，知燕王上书之诈，诛桑弘羊、上官桀，后世称其明。"

以上之誉，其实不爽。

那么，汉昭帝时期的政策和文帝、景帝、武帝时期有哪些相同和不同呢？

我们先看看文帝、景帝时期的内外政策。

汉文帝英明能干，重用贾谊，采取"轻徭薄赋""与民休息"的政策，重视农业，鼓励农民生产，奖励努力耕作的农民，劝百官关心农桑，重视"以德化民"，社会安定，百姓富裕，为"文景之治"的盛世开了个好头。

汉文帝采取的措施，汉景帝都继续执行。减税赋、轻徭役、废除盗铸钱令。在工商业方面，汉文帝下诏开放原来归国家所有的山林川泽，从而促进了农民的副业生产和与国计民生相关的盐铁生产事业的发展。文帝十二年又废除了过关用"传"的制度，促进了商品流通和各地区间的经济交往。

文景两代对周边少数民族不轻易动兵，尽力维持彼此相安的关系。汉景帝在汉朝与匈奴的边界地区设立关市，与匈奴进行贸易，在一定程度上消解了匈奴的骚扰。

汉武帝摒弃和亲政策，以战争解决问题。为了满足打仗之需，不惜加重赋税，采取盐铁酒国家专卖专控政策，使人难以得到休养生息；又由于长年战争，国库空虚，加之重用酷吏，官员和百姓都苦不堪言。直到汉武帝临终前出"罪己诏"，才制定了一系列与民休息的政策。

而汉昭帝用儒吏，举文学，与民休息，主动免租免税，以备养战，并采用和亲与积极备战双管齐下的政策。一方面使人民休养生息，空虚的国库得到补充；另一方面增强了国家实力，不轻言战，不怕开战。

文帝、景帝采用以相为重的政策，先有萧规曹随，后有晁错；而汉武帝时丞相权力渐渐小了，大司马大将军权力大了；汉昭帝继续了武帝的规矩。武帝利用儒生，而儒生地位并没有提高；到了汉昭帝时，儒生获得了尊重，地位有所提高。

在对外用兵方面，文帝、景帝时期以和亲、防守为主，是因为汉初国力不足，以和亲曲意求全。

匈奴之患，让汉朝的君臣寝食难安。

汉初采取无为而治的方针，与民休息，经过"文景之治"之后，国富民丰。

汉武帝时期的大汉帝国已经做好了与匈奴一战的准备，多年征伐之后，极大地削弱了匈奴的实力。而到了昭帝时期，匈奴力量又得到了恢复，屡屡侵犯大汉边境，汉昭帝也不示弱，迎头痛击，可谓不卑不亢。

对于西域，张骞开通了丝绸之路，普通老百姓希望商贸往来。而汉武帝有了西域的活地图，加紧了征战讨伐。昭帝派傅介子出西域，斩杀楼兰王，另立王并迁都改国名，解决了西域问题。

综上所述，文帝、景帝时期王道、霸道均不足；到汉武帝时以王道为用，而重视霸道；再到昭帝，王道有所加强，霸道减弱，这也正是后来的汉宣帝说出的汉朝政权的秘密——"霸、王道杂之"。

可见昭帝时期起了承上启下的作用。

传统史学上只有宣帝中兴，而昭宣中兴是在 2001 年由现代学者提出的，一方面是为了很好地划分汉武帝时期与汉宣帝时期；另一方面说明汉昭帝时期延续武帝的基本政策，有效控制了社会矛盾，功不可没，是宣帝中兴的前奏。"昭宣中兴"，不可分割。

第七节　盐铁会议的本质

盐铁会议的召开，其实是汉昭帝摆脱汉武帝遗留下来的政治经济包袱的胜利。

盐铁会议于始元六年（前81年）二月在京师长安召开，七月结束，进行了约半年之久。

贤良、文学在盐铁会议上侃侃而谈、直言不讳，"发愤懑，刺讥公卿，介然直而不挠，可谓不畏强御"，确是儒生"说大人，则藐之，勿视其巍巍然"的本性流露，但也不能说没有霍光在背后撑腰的因素。桑弘羊虽然舌战群儒，可是猛虎还怕群羊。通过此次会议，以汉昭帝、霍光为首的改革派借儒生沉重打击了桑弘羊等保守派系。

桑弘羊是汉武帝政策的倡议者和坚决执行者。他是一位忠实的经济管家，为汉武帝在军事上打击匈奴做了有力的经济支撑。征和四年（前89年），汉军出兵西域，再次攻破车师后，为了巩固胜利成果，确保中西商路畅通，桑弘羊与田千秋等联名上书，建议武帝加强轮台屯田，扩大轮台、渠犁的屯田规模，以保障军粮供给。桑弘羊的建议是良好的，也是此前政策的延续，武帝最终却没有采纳，还批评了桑弘羊等人，并自我检讨，下诏承认战争带来的苦难，同时调整政策，认为当务之急应是与民休息，执政理念发生了根本变化。

桑弘羊和霍光的经济理念不同。桑弘羊主张国家控制经济命脉，自从推行一系列官营政策以来，生产、销售和市场都由官方控制，地主、官僚、贵族和商贾都对这些政策表现出强烈的反对和抵制。霍光主张给市场松绑，他掌权后，为了缓解统治集团内部的压力，主张对国家垄断的工商业稍微放松一些，不要管得太死，而桑弘羊则坚决主张严管。桑弘羊的理财政策并未随着武帝去世而废除，他经常因此自许，并以此作为替子弟谋官的资本，却屡屡被霍光以各种方式拒绝，因而与霍光的矛盾慢慢激化。二人的矛盾，其实是汉武帝遗留问题同汉昭帝的变革的矛盾。

昭帝始元元年（前86年）闰十二月，霍光就派遣当时的廷尉王平等五人出行郡国，察举贤良，访问民间疾苦、

鹽鐵論卷第一

漢相　寬　撰

本議第一　力耕第二　通有第三

錯幣第四　禁耕第五　復古第六

本議第一

惟始元六年有詔書使丞相御史與所舉賢良
文學語問民間所疾苦文學對曰竊聞治人之
道防淫佚之原廣道德之端抑末利而開仁義
毋示以利然後教化可興而風俗可移也今郡

古书记载盐铁会议

冤难以及失去职业的人，为召开盐铁会议做准备。始元六年（前81年）二月，汉昭帝下诏召集前一年所举贤良、文学60余人，与丞相田千秋、御史大夫桑弘羊及其下属丞史、御史在朝堂集会，以"民所疾苦"为主题，就汉武帝以来政治得失及未来走向展开了激烈辩论。这次集会被后人称为"盐铁会议"。大约30年后的宣帝末期，庐江郡太守丞汝南桓宽整理了会议原始记录，著《盐铁论》一书。儿子开会评价老子，曾孙着人著书立传评说曾祖父，这让人觉得滑稽可笑。但是及时总结前人的经验教训，还是有必要的。盐铁会议是一场具有复杂政治背景的会议，并且对汉代历史进程产生了深远影响。

武帝去世前，由于太子年幼，遂指定了一个包括霍光、金日磾、上官桀、桑弘羊、田千秋五人的辅政集团。

五人之中，由于金日磾在第二年即始元元年即去世，丞相田千秋又是一个不敢抗争的丞相，因此昭帝初年大权就集中在了霍光、桑弘羊、上官桀三人手中。霍光以外戚身份及大司马大将军职务统领中朝，被武帝喻为周公辅成王而寄予厚望，是这个集团的中心。但从资历、功劳来讲，13岁即入宫为侍中、同为辅政大臣的御史大夫桑弘羊却远在其上，尤其是他在武帝时期推行盐铁、均输、平准等财经政策立下了大功，绝非霍光能比。经过多年的积累，桑弘羊在朝中人脉甚广、根基深厚。汉代又有以御史大夫为相的不成文规定，桑弘羊几乎代替了田千秋这个丞相。桑弘羊对霍光独揽大权当然不服气，因此渐渐成为霍光的最大政敌。而辅政集团中的上官桀资历也比霍光深，又是当朝皇后的祖父，虽然他与霍光为姻亲，但或许是考虑到桑弘羊的强大根基，加之摸不透霍光的脾性，在权衡之后逐渐倾向联合桑弘羊对抗霍光。

盐铁会议是汉昭帝下令由霍光一手策划召开的一次讨论国家现行政策的大会，其主要目的在于利用贤良、文学对盐铁等政策进行攻击，从政治上打击桑弘羊。在会议上，来自民间的贤良、文学对盐铁官营等财政措施进行了全盘否定，进而攻击汉武帝《轮台诏》以前的内外政策。作为这些财政措施的经办人，桑弘羊坚决捍卫汉武帝的内外政策，不仅就盐铁官营政策的存废与贤良、文学展开了激烈论辩，而且充分肯定了诸如抗击匈奴、加强中央集权、打击豪强和农商并举等政策的作用。

始元六年七月，历时约半年的盐铁会议结束。通过这次会议，霍光成功利用贤良、文学批评和打击了自己的政治对手，赢得了比较广泛的舆论支持，经济上也使得官营政策有所收缩，罢黜了郡国酒榷和关内铁官。以汉昭帝为首的改革派是盐铁会议的最大赢家。会后，霍光任命部分参加会议的贤良、文学为列大夫，贤良、文学活跃一时。

盐铁会议是桑弘羊舌战群儒的经典大辩论，可惜时势日下，霍光在各方面风头已经盖过了他，这次会议成为桑弘羊最后的挽歌。

历史由此进入了霍光13年（前80—前68年）专权的时代，直到他去世。

盐铁会议中汉昭帝、霍光与儒生集团的重大胜利，标志着继续主张彻底执行武帝旧政一派势力的破产，也标志着儒生开始真正走上政治舞台。但儒生和霍光之间却因政治主张的根本不同而没能继续这种成功的合作。这次胜利反而使得霍光与儒生集团的矛盾凸显，开始取代霍、桑矛盾并逐步升级为政治斗争的主要矛盾。

首先，霍光本人对儒学缺乏认同。霍光没有多少儒学修养，正如班固评价的"不学无术"。他对儒生的态度，正如霍山所言"诸儒生多窭人子，远客饥寒，喜妄说狂言，不避忌讳，大将军（霍光）常仇之"，这与桑弘羊对贤良、文学的讥讽、不屑一顾可谓同出一辙。由此可见，盐铁会议上儒生只是被利用的工具。

霍光用人很少用儒生。以丞相一职为例，相继为相的王䜣、杨敞、蔡义等人，除了蔡义明经、学过"韩诗"外，其他都无经学功底。这些人多出于霍光门下，杨敞、蔡义以及大司农田延年均"给事大将军莫府"，是霍光政治集团的成员或卒子，完全听命于霍光。后来用世的萧望之、魏相等名儒及盐铁会议 60 余名贤良、文学都不被霍光所用，只得到低微的官职，魏相还一度被投进监狱。因此，儒生的政治境遇并不好。

其次，上面讲到霍桑之争除了权力，也有政治主张分歧的原因。然而观察霍光的政治主张，其对武帝的政治遗产也并非完全否定，依然秉承《轮台诏》，多有抚恤民生之事，只不过没有桑弘羊那样激进罢了。其实霍光还是一位竭诚尽忠的臣子，只不过为了保护他自己，做法有些过分而已。霍、桑二人一人偏保守，一人偏激进，武帝指定二人为辅政大臣，或有相互制衡之意，但没有想到他们会分裂。霍光主政期间，匈奴、西域问题仍然有所推进，本始二年（前72年）霍光甚至还对匈奴发动了一场规模堪比卫、霍绝幕之战的远征；酷吏政治方面，也一如既往地推行"持刑罚严"的精神，司法始终处于一种严酷偏紧的状态，"苛暴"状况没有得到实质改变；而对盐铁国营、均输平准为主的兴利之事，盐铁会议后仍继续承袭，显示了霍光在财经政策上对武帝以来的政策还是以继承为主的，只是想改变或者做了少许改变而已。这让那些希望霍光大刀阔斧地去变革的儒生无法认同。

霍光在这件事上目光短浅，并没有形成对当时大势所趋的儒家礼乐文教政治的充分认同，适时将儒生逐渐吸取到自己的政治架构中，反而长期将他们排斥在外。这使得此段时间许多已经陆续参与政治活动的儒生仍然只能继续游离于政治主流外，继续不断积累力量以待时机。然而霍光的政治权谋手段却显得高明得多，以致把异己一个个清除掉，建立了自己的圈子。直至霍光去世，魏相清除霍氏势力，才为儒学政治化、儒生进入仕途打开了缺口。

霍光去世后，宣帝思其功德，继续重用霍氏子孙。时任御史大夫的魏相通过平恩侯许伯上封事主张对霍氏子孙要"损夺其权，破散阴谋"，首开削夺霍氏之权的主张；其后再度借平恩侯上书去副封这一制度，架空领尚书事的霍山。此后，魏相为相，积极进行各项改革，"尽变异大将军时法令，以公田赋与贫民，发扬大将军过失"。他不断削夺霍氏权力，使霍氏对他又怨又惧，最终铤而走险，"谋矫太后诏，先召斩丞相，然后废天子"，结果事败被族诛。魏相是唯一参加过盐铁会议的儒生。魏相诛灭霍氏并非一种偶然行为，也并非只是一次简单的权力斗争，而是儒生集团和霍光集团的政治对决和最后总攻。通过此事，儒家政治在被霍光长期压制后终于获得了新生，为其后在宣、元时期逐步走上政治舞台扫清了障碍，使汉代政治完成了"尚武"向"守文"的转变。文人玩政治是一流高手，但论军事是低能儿，所以也使大汉少了硬汉，硬骨头从而逐渐失掉了。

第三章

嬗变下的

昭宣更替

第一节 霍光威加海内

霍光受汉武帝之托辅佐年幼的昭帝。他在汉武帝身边工作了20多年，为人忠厚可靠、端正严谨，办事又一贯小心谨慎，从来没有什么闪失。他担任侍中时，谨记自己的职责就是侍卫皇帝，所以他每次出宫、下殿时，起止步都有固定的点。有人曾暗中跟随做出记号，事后测量发现竟丝毫不差，可见他办事的周密、审慎。他这些好的品质也曾得到汉武帝的嘉奖，因而武帝信任他而托孤。

昭帝即位的第二年，最重要的辅政大臣之一、车骑将军金日磾病故。金日磾死后，霍光以朝廷名义为其举行了隆重的丧礼。汉昭帝在茂陵旁赐冢地，下旨以"轻车介士"的待遇出殡。出殡时，仪仗车前导，骑兵方阵殿后，保护金日磾灵柩到达茂陵。途中，数十万百姓拈香路祭，车骑塞道。那些送葬士兵驻扎下来直到丧葬完毕。汉昭帝为金日磾赠谥号为"敬侯"。

汉制享"轻车介士"待遇的名臣均被赐以"葬物"，即分量不等的金钱、缯絮、绣被，还有衣若干箧，梓宫、便房、黄肠题凑各一具。下葬后朝廷还派人在金日磾墓旁起"冢祠堂"，置"园邑"若干家守墓。金日磾成了武威史上唯一享受"军葬"的名人。

如今，金日磾墓保存完整，位于汉武帝茂陵（陕西省兴平市）东，属于汉武帝茂陵陪葬墓，是全国重点文物保护单位。卫青墓、霍去病墓、金日磾墓由西向东紧挨着"一"字分布，守卫着汉武帝茂陵。

对于金日磾的死，霍光还是有些兔死狐悲的。最重要的托孤重臣就只剩他了，他的权力欲也在增加。

金日磾有两个儿子——金赏、金建，和汉昭帝是好朋友，小时候经常在一起玩，有时还住在一起。汉昭帝看他们的父亲死了，就想依私情来照顾他们。昭帝与霍光商量说："金家现在只有两兄弟，不妨都封他们为侯吧！"霍光严肃地告诉昭帝：金日磾长子金赏已继承了他父亲的爵位，被封为侯了，这是按制度办事；至于次子金建，就不能封侯了。年幼还不谙世事的昭帝说："我是皇帝，想要封他们为侯，还不是我一句话，这又不是什么了不起的大事。"霍光立即正色道："'无功者不得封侯'，这是高祖皇帝立下的规矩，皇上怎么好轻易更动呢！"

接着，霍光耐心地陈述了不能封金建为侯的道理，终于把汉昭帝说服了。霍光乘机教导昭帝说，老百姓至今还在想念着汉文帝和汉景帝。汉昭帝问为什么，霍光告诉汉昭帝因为他们待老百姓好，所以百姓想念他们。

霍光下令各郡县推荐贤良；派官员查办失职的官员并为受诬陷的人申冤；安抚孤独疾苦的贫民。为了发展农业生产，每当春耕时，霍光就派人到各地去查看生产情况，把种子和粮食贷给缺粮少籽的贫民；秋天本该收租时却下诏说，春天借给贫民的种子、粮食不再收回了，今年的田租税也一概免了。贫苦百姓听到朝廷的诏令后，喜出望外地奔走相告，说："又一个汉文帝来了。"百姓知道这一切都是大司马大将军霍光辅佐朝政给百姓带来的实惠，他的声望也随之增高。

有一天夜里，宫殿里发生一件蹊跷事，大臣们非常惶恐。霍光害怕发生变故，就召见保管玉玺的官员，要收取他保管的玉玺。这位官员不肯给他，霍光想要去夺，保管玉玺的官员拿着剑说：头可以给你，玉玺绝不能给你！霍光认为这位官员做得对，就提拔他做了大官。老百姓和其他官员听后都称赞霍光的气量。

执政初期，由于桑弘羊、上官桀同为辅政重臣，所以霍光采取了一些办法，打击、消灭不服从自己意志的政敌。譬如盐铁会议就是让知识分子共同挑战桑弘羊这个老顽固，桑老虽然使出浑身解数却依然寡不敌众，在政治上彻底被打垮了。霍光知道桑弘羊影响大，所以收拾他兵不血刃。盐铁会议后，霍光基本上坚持了汉武帝《轮台罪己诏》中所制定的政策，推行"与民休息"的措施，将公田分给贫民耕种，贷给农民种子、口粮，免除部分赋税、徭役，降低盐价，与匈奴保持友好关系。这些措施符合贤良、文学提出的"行仁政，以德治国"的主张。贤良、文学也受到统治者一定程度的重视，成为政治舞台上一股活跃的力量。

接下来霍光的对手就是上官桀父子了。在这五位顾命大臣之中，四位都是很有名的老臣，唯有上官桀发迹有些特殊，完全是靠卖弄乖巧赚来的。上官桀靠力捧车盖做了未央厩令，后来在马厩卖乖做了侍中，又逐渐升为太仆，再后来由于捕杀造反的莽通立了功，被封为安阳侯，可谓青云直上。

上官桀的儿子上官安有个女儿，也就是霍光的外孙女。上官安劝霍光把这个外孙女送进宫去，霍光认为孩子还小，就没有答应。上官安平时和丁外人很要好，丁外人告诉鄂邑长公主，长公主认为很有道理，就下诏让上官安的女儿进宫做了婕妤，上官安因此被封为骑都尉。又过了一个多月，上官氏被册立为皇后，此时她只有六岁。

上官安因为是皇后的父亲，被封为桑乐侯，封邑1500户，又升为车骑将军，越来越骄横淫逸。他在殿上领受皇上赏赐，出来后对宾客说："我和我的女婿一起喝酒美得很！"

上官安喝醉酒就光着身子在内宅行走，和他的继母以及父亲的姬妾侍婢淫乱。他的儿子因病死了，他仰面怒骂上天。因丁外人说好话让自己的女儿成为皇后，所以为了回报和拉帮结派，上官安屡次向霍光请求给丁外人封侯，霍光都没有同意。加之其他一些徇私舞弊之事霍光都没有给面子，因此上官桀、上官安父子深深地怨恨霍光而感激公主的恩德。他们得知燕王刘旦因没有被立为皇帝心存怨恨，就记录下霍光的过失并告诉燕王，让他给汉昭帝上书告发霍光，并替丁外人求侯爵之位。燕王大喜，就上书说："子路的姐姐死了，一周年后他还不脱掉丧服，孔子批评他。子路就说：'我不幸，没有兄弟，因此不忍心脱掉为姐姐穿的丧服。'所以说'看人的过失，可以知道他仁与不仁'。现在我和陛下只有长公主一位姐姐，陛下隆恩让丁外人侍奉公主，丁外人应当封赏爵号。"上奏之后，昭帝询问霍光的意见，霍光表示坚决不同意，毫无商量的余地。

燕王刘旦一直不死心，他将攫取帝位的赌注押在上官桀身上，前后派遣十多人，带了大批金银珠宝，贿赂长公主、上官桀、桑弘羊等人，以求稳固这一联盟。经过谋划，上官桀和上官安就记录下霍光的过失告诉燕王，让他给汉昭帝上书告发霍光，由桑弘羊在朝堂上发难拿下霍光。刘旦上奏说，霍光检阅京都兵备，京都左近道路都要戒严，僭越天子仪仗；霍光还将被匈奴拘留19年的苏武召还京都，任为典属国，意欲借匈奴兵力图谋不轨；把自己的党羽杨敞选拔为搜粟都尉，擅自调动益莫府校尉入府密谋；等等。这些都表明霍光专权自恣，有不臣之谋。燕王刘旦同时声称为了防止奸臣变乱，要入朝宿卫。上官桀等待霍光休假外出时，将这封奏章送到昭帝手中，妄图由他按照奏章内容来宣布霍光的"罪行"，拿下霍光，进而废掉汉昭帝。但是，他们没有想到，在昭帝那里他们碰了一个软钉子。当燕王刘旦的奏章抵达汉昭帝那里后，就被汉昭帝扣压，不予理睬。

　　次日早朝，得知上官桀等人的举措，霍光心惊肉跳。霍光知道伴君如伴虎，就静候在议事室。汉昭帝上朝后没有看到霍光，就问："大将军哪里去了？"上官桀立即回答："由于燕王揭露他的罪行，他不敢来上朝了。"昭帝十分平静，随即召霍光觐见。霍光入朝，摘下帽子，叩头请罪。没想到14岁的昭帝却语出惊人，一下子指出了这封奏折的破绽，上官桀等人的阴谋被一语拆穿。一干朝廷大臣无不对昭帝的聪明善断表示惊叹。昭帝对上官桀等人无中生有的行为大加训斥。这下轮到上官桀等人惊慌失措了。从此，不管上官桀之流如何污蔑霍光，昭帝概不相信，总是说："大将军忠心耿耿，受先帝遗言来辅佐我，再有诽谤者一定严加治罪！"上官桀等人再不敢轻言是非。经过此次变故，霍光的辅政地位反而得到了巩固。

上官桀等人的阴谋被拆穿之后，愈觉面临危机，决议孤注一掷，准备发动武装政变。在这危急关头，长公主门下一名管理稻田租税的官员回家后无意间将消息告诉了自己的父亲。这位父亲一向敬重霍光，马上将上官桀等人的阴谋向大司农杨敞也就是史官司马迁的女婿告发。杨敞则连夜驰马转告了谏议大夫杜延年。杜延年又连忙告知霍光。霍光当机立断，先下手为强，将上官桀父子、桑弘羊、丁外人等主谋统统逮捕，斩草除根，诛灭了他们的家族。长公主、燕王刘旦自知不得赦免，遂先后自杀身亡。这场由上官父子为主谋的政变被霍光彻底地粉碎在摇篮之中。9岁的上官皇后由于年岁幼小，又是霍光的外孙女，未被废黜，依然做皇后。

刘旦做此大逆的事第一次得到原谅，第二次更变本加厉，他不死则汉无宁日。所以刘旦也就非死不可了。

霍光执政后面临的第一场政治危机在他的运筹下以胜利而告终，初步显现了霍光的政治手段。接下来在昭帝在位的13年里，霍光牢牢控制政局，大权独揽，威震海内。

刘旦自缢后，汉中央开恩没杀他的几个儿子，赦燕王太子建为庶人。特别值得注意的是，天子在刘旦死后还特赐谥号曰"剌王"。凡诸侯王死后能得天子特赐谥号的，不管是善终还是因谋反被赐死，都说明他还被朝廷保留了诸侯王的身份和地位。也就是说，他仍应以诸侯王之礼被赐建陵墓，加以葬埋。谥法说："暴戾无亲曰剌。"被赐谥曰"剌"的王侯，多是生前暴戾无亲、乖谬不道、有恶行者，其意近于"厉""戾"。但被赐谥"剌""厉""戾"的王侯，死后也都能建陵墓营葬。

宣帝即位（前74年）后，封刘旦的两个儿子为侯——刘庆为新昌侯，刘贤为安定侯。又立长子刘建为广阳顷王，二十九年薨；子穆王刘舜嗣，二十一年薨；子思王刘璜嗣，二十年薨；子刘嘉嗣。王莽时，皆废汉藩王为家人。

刘嘉献符命于王莽，被赐姓王。

同是顾命大臣，上官桀和儿子上官安的覆亡固然有霍光打击异己的原因，但和他们的骄奢淫逸是分不开的。上官父子太跋扈太嚣张，如果能息事宁人或许可以保全，却偏要和刘旦勾结准备夺位。刘旦有自己的目的，上官是为了打击霍光，而霍光就是昭帝、昭帝就是霍光，所以上官之覆灭实乃咎由自取。

霍光诛灭桑弘羊、上官氏之后，复假侯史吴案进一步铲除不按照自己的意思行事的外朝高官，因而造成满朝肃杀、再无人忤逆霍光旨意的局面。

我们再来看看侯史吴案。这一案件和桑氏家族、上官家族都密不可分。

燕盖之乱后，桑弘羊的儿子桑迁逃亡到他老爹从前的部属侯史吴家，但最后还是被捕而遭诛杀。侯史吴躲了起来，随后（前79年6月）政府颁布赦令，侯史吴才出来自首。廷尉王平、少府徐仁一起审判，认为桑迁只是牵连者，并不是他自己谋反；侯史吴藏匿的不过是一个普通逃犯，并不是藏匿叛贼，于是依照颁布的"赦天下"诏令，宣判侯史吴无罪。"赦天下",不是"大赦天下",仍有许多罪诸如叛乱犯上不在赦免之列。后来,执法监察官侍御史重新调查,认为桑迁深通儒家学派的五经(《诗》《书》《礼》《易》《春秋》),身为儒家子弟,知道老爹桑弘羊谋反而不规劝阻止,跟他自己谋反等同。这显然是因为霍光不满命人去重新审理的结果,所以结论当然是按照霍光的意思了。侯史吴也是朝廷官员(三百石,芝麻大个官),却藏匿谋反正犯,跟平民藏匿普通逃犯不同,所以结论是侯史吴不可以赦免。有司奏请再派人审理,紧接着又弹劾廷尉王平、少府徐仁涉嫌包庇侯史吴。

侯史吴的案件案情本十分明了,法官却必须费尽心机,迎合当权者,去扭曲法律和事实,最终使其成为政治冤狱。霍光这时大权在握,他除了要对桑家斩草除根外,还要彻底整肃"燕盖帮",所以下的是狠手。侯史吴案件正好给他提供了一个试试利器的机会。不把桑迁拿下,就无法扳倒侯史吴;不把侯史吴拿掉,就无法铲除王平、徐仁这些残余势力;不把王平、徐仁拿下,就无法清除异己。法律典籍一旦被用来从事政治斗争,便成了杀人不见血的屠刀。

其实霍光辅佐汉昭帝还是兢兢业业的，只是为加强自己的实力，慢慢地也霸道起来。

还有一件事更加印证了霍光的霸道。古时普通男子二十初行冠礼，表示成人。天子不同于常人，也不等同于士人。文王十二行冠礼，成王十五而冠，武帝十六而冠；昭帝十八岁而冠，正是时候，或者已经有些迟误。但是加了冠不等于亲政，虽然霍光也跪下表示还政，但他只是做做样子；而昭帝自知势单力薄，不敢造次。《汉书·霍光传》说："昭帝既冠，遂委任光。"昭帝心甘情愿让霍光继续辅政，霍光的权势不但没有减弱反而更加强盛了。

霍光本该感激涕零，只是很可惜，霍光慢慢变了，大权独揽，生杀之令多出自他。

许多事件也印证了这一点。前83年，廷尉李种因被指控故意为犯死罪的人开脱罪名，被当众斩首。前80年，上官桀父子、桑弘羊、丁外人被灭族，燕王刘旦及长公主自杀。桑弘羊的儿子桑迁逃亡两年后被捕诛杀。少府徐仁自杀，廷尉王平与左冯翊贾胜胡被腰斩。一时朝野震动，人人自危。前78年，符节令眭弘以妖言惑众罪被诛。

在汉武帝时，丞相权力就已经衰弱。到了昭帝用田千秋为相，就是因为他低调不惹事。霍光又不能将同僚一概除掉，因而委以相位。田也知趣，不生事，直到后来他的女婿徐仁被治罪，眼看烧到自己才奋起反击，可是终究敌不过老谋深算的霍光，不久就去世了。田千秋在女婿受审时，召集中二千石、博士在公车门集会，共同讨论侯史吴问题。这些人都认为大将军霍光逮捕侯史吴是不对的。霍光知道此事以后大为恼火，便下令将王平、徐仁押入大牢。霍光眼已杀红，明显是冲着田丞相来的，好在杜延年动之以情才让霍光放过田丞相。田千秋的女婿徐仁在哀怨中自杀。

此后王䜣、杨敞、蔡义继为丞相，一相不如一相，都只是陪练、玩偶而已，可见霍光就是要无为的丞相。因而说霍光的权力达到了顶峰，威加海内，一点也不过分。

第二节　汉昭帝突然驾崩

其实刘弗陵的死也不是偶然，虽然他身材高大，可能还是巨人症，但身体状况一直不好，这在许多典籍中都有证可查。譬如《汉书·杜周传》记载："昭帝末，寝疾，征天下名医，延年典领方药。"可见当时病情十分严重，宫中已经无法医治，只好向外面求援，可惜已回天无力了。

书上记载他是蹲在坐便器上死的。他身体不好，消化功能有问题，可能长期便秘，长时间蹲着，站起后突发脑溢血吧，总之他驾崩了。

元平元年（前74年）四月，年仅21岁的刘弗陵因突发病症死于长安未央宫。

汉昭帝的突然离世让蒸蒸日上的大汉帝国的所有人措手不及，文武大臣懵了，霍光也懵了，但还是他挺身而出，大手一挥：天塌了，我顶着。

由于昭帝突然去世，他的陵墓还没有认真营建，于是主管帝陵营建的官员赶快租用了三万辆牛车，从渭河滩拉沙，构筑墓室。仓促归仓促，昭帝平陵的随葬品仍是十分丰富的。当时由霍光主持昭帝丧事，墓室中金银珠玉应有尽有。此时，竟然还有人利用昭帝久病囤积丧葬品。《汉书·酷吏传》记载："先是，茂陵富人焦氏、贾氏以数千万阴积贮炭苇诸下里物。昭帝大行时，方上事暴起，用度未办，延年奏言：'商贾或豫收方上不祥器物，冀其疾用，欲以求利，非民臣所当为。请没入县官。'奏可。富人亡财者皆怨，出钱求延年罪。"

大司农田延年报告给霍光，结果直接把焦、贾二人囤积的货物没收充公。

平陵在茂陵东边12里，封土堆高29米。平陵陵园呈正方形，垣墙边长380米，四面正中各有阙门，与陵冢相对。昭帝陵冢位于陵园正中，形如覆斗，陵顶内收形成二台。它的东南665米处是昭帝上官皇后陵。上官氏虽贵为皇后，其实也很不幸，6岁入宫当皇后，15岁时昭帝死去，此后一直比较孤独，52岁病死，合葬平陵。

后来有人说汉昭帝的死是长久郁闷导致的，霍光与此有很大的干系。此说也有一定的道理。

霍光对昭帝管制太多,也许是汉昭帝刘弗陵长期受屈辱、不堪重负,因而导致早逝吧。

霍光不单控制朝廷,还限制汉昭帝玩乐,连宫闱之事也横加干涉。汉昭帝 12 岁时大婚,立上官安之女、霍光的外孙女——年仅 6 岁的上官氏为皇后。后来,上官桀父子密谋造反失败后被霍光诛杀,夷灭宗族,牵连甚广,因"皇后以年少不与谋,亦光外孙,故得不废"(《汉书·外戚传》)。尽管没有废掉上官皇后,但经此一变,汉昭帝对皇后越发冷落,已经透露出了对霍光的不满。

上官皇后毕竟是霍光的外孙女,又居后宫之首,霍光出于私心,"欲皇后擅宠有子,……言宜禁内……后宫莫有进者"(《汉书·外戚传》),意思是说,霍光为了让外孙女获得专宠,增加怀孕概率,不许后宫诸妃嫔和皇帝同床。对此,《汉书·五行志上》也有记载,"光欲后有子,……禁内后宫皆不得进,唯皇后颛寝",陪皇帝睡觉、替皇帝传宗接代成为皇后一个人的专利,其他妃嫔一概靠边。

为了确保上官皇后专宠受孕,防止汉昭帝与其他宫嫔云雨，霍光还做了可笑可恨之事，"虽宫人使令皆为穷绔，多其带"（《汉书·外戚传》）。穷绔，类似于现在的裤子，即连裆裤；多其带，即多用丝带缠绕。对于穷绔，唐代语言文字学家颜师古称："穷绔有前后当（裆），不得交通也。"这样一来，汉昭帝连男欢女爱之事也不得随心所欲。每天只能和那位毫无感情甚至令自己厌恶的上官皇后背对背，汉昭帝的心境和处境可想而知。

想当权不能当权，想玩不能玩，想宠幸宫嫔也不能随意，汉昭帝在权威、玩乐、性趣上均受到了霍光的严格扼制。不能玩乐也就算了，但作为一个聪慧的少年皇帝，无实权可抓为一大恨；作为一个正常男人，无女人可御又是恨中之恨。如此没有尊严、没有激情活力而屈辱地活着，还不如一个王侯将相，不如一个平民百姓，你说他苦恼不苦恼、愤恨不愤恨、憋屈不憋屈？时间一长，汉昭帝也只有生病的份了。但是要说霍光加害刘弗陵，不能让人信服，二人君臣相得，霍光害了他换一个人那么容易吗？茂陵两个商人早就囤积丧葬品，说明昭帝生病已久。此外，霍光事先没有考虑其他人选才会对昭帝的死没有准备而显得仓促，因而阴谋论不成立。

霍光久不归政也可能是汉昭帝郁闷致病的原因之一，但还不至于加害。

昭帝少年聪颖，为政13年做了许多皇帝几十年也做不到的事情，这和他与霍光相互依托、互为知己分不开。如果昭帝一味任性，则于人于己不利，也不利于天下百姓。

汉昭帝死了，他和霍光共同创造的事业却如火如荼地进行着。

《汉书》赞曰："昔周成以孺子继统，而有管、蔡四国流言之变。孝昭幼年即位，亦有燕、盖、上官逆乱之谋。成王不疑周公，孝昭委任霍光，各因其时以成名，大矣哉！承孝武奢侈余敝师旅之后，海内虚耗，户口减半，光知时务之要，轻徭薄赋，与民休息。至始元、元凤之间，匈奴和亲，百姓充实。举贤良、文学，问民所疾苦，议盐、铁而罢榷酤，尊号曰'昭'，不亦宜乎！"

让我们重温一下汉昭帝游淋池所作的《淋池歌》吧：

秋素锦兮泛洪波，挥纤手兮折芰荷。凉风凄凄扬棹歌，云光曙开月低河，万岁为乐岂云多。

可惜了这位才华横溢的少年天子。

汉昭帝在位 13 年，病死，终年 21 岁，谥号昭帝，葬于平陵（今陕西省咸阳市西北 13 里处）。

惋惜刘弗陵的同时，谁来继承皇位，谁将成为下一任皇帝，这才是考验霍光及诸大臣的迫切问题。

刘弗陵去世时，皇后才十四五岁，没有留下孩子，这一脉也算是断了。一时众说纷纭，满朝惶恐，都眼巴巴望着霍光，此时只有他能独撑危局。

选择谁当皇帝？霍光环顾四周，发现只有右将军张安世既是元老又和自己比较亲近，于是很快与他凑在一起商议。他们颇费了些思考：昭帝的亲兄弟只剩下一个广陵王刘胥，但他行为不检点，有失皇家体统，汉武帝生前就很不喜欢他，所以大臣们就没有选择他继承大统，也不可能立他的儿子；而汉武帝的孙子辈里，太子刘据只剩下一个后代刘病已，当时已经沦为平民，可能还不为人所知；齐怀王刘闳，早年夭折无后；燕刺王刘旦因为谋反的缘故，也不可能立他的后代。刘胥似乎有一定的支持率，但是霍光就是不吭声。

正在霍光和大臣们一筹莫展之时，一位郎官上书说选皇帝要选品德优良的人，即使废长立幼也未尝不可，不赞成刘胥即位。霍光将奏折传给丞相杨敞等人（当然大多都是和自己一心的人），统一朝中的舆论导向，为另立自己满意或者能够驾驭的新皇帝而创造舆论基础。不久这位郎官也被破格提拔为九江太守，算是对他的回报。

挑来挑去挑中了昌邑王刘贺，也是因为他和昭帝血缘关系最近。

刻不容缓，霍光立马让上官皇后也就是他的外孙女颁布诏书，命令代理大鸿胪的少府史乐成、宗正刘德、光禄大夫丙吉、中郎将利汉前去昌邑国迎接刘贺进京继位；又禀明上官皇后，升右将军张安世为车骑将军，拉拢他，让他震慑百官。

刘弗陵这位少年睿智的皇帝就此安葬。估计百官各怀心事，尤其是霍光。这位新来的皇帝将会是怎样的一个人，该怎样和他相处？如今还是一个谜。

只有拭目以待。

116

第三节 二十七天皇帝——刘贺

2016 年年初，考古工作者在江西南昌发现了一座古墓。墓园由园墙、门阙、两座主墓、多座袝葬墓和墓园的相关建筑构成，内有道路系统和排水设施。该墓结构之完整、布局之清晰、保存之完好，迄今罕见。

主椁室位于椁室中央，有木隔墙将其分为东、西室两部分，有门道相通，东、西室均有门窗。棺柩位于主椁室的东室东北部。棺柩分为内、外两重，棺内随葬大量金器、玉器和漆器。内棺尚存墓主人遗骸痕迹，遗骸下有包金的丝缕琉璃席，席上有整齐排列的多组金饼。

经过四个多月的考古挖掘整理，考古专家组确认此墓的主人是第一代海昏侯汉废帝刘贺。有三个信物可直接印证墓主身份：一枚刻有"刘贺"二字的玉印是在遗骸腰部位置发现的；多组金饼拼合写有"南海海昏侯臣贺元康三年酎金一斤"字样；木牍上记有刘贺及其夫人上书的内容以及"刘贺"落款。

海昏侯刘贺印

刘贺（前92—前59年）是汉武帝刘彻之孙、昌邑王刘髆之子，西汉第九位皇帝，也是西汉历史上在位时间最短的皇帝。

公元前97年，刘贺的父亲刘髆被封为昌邑王，成为西汉第一位昌邑王。刘髆去世后，刘贺成为西汉第二位昌邑王。刘贺被大将军霍光拥立为帝，在位仅27天，就因"荒淫无度、不保社稷"而被废，返回昌邑国（治所在今山东省巨野县）。之后不久昌邑国被废除，降为山阳郡。但是从出土文物来看，我们应该重新认识一下这位"干尽了坏事"的皇帝。

刘贺墓中出土的整套乐器包括两架铜编钟、一架铁编磬、琴、瑟、排箫、笙和众多的伎乐俑，形象地再现了西汉列侯的用乐制度。

考古人员还在主墓藏椁中发现了大量竹简、木牍，经初步估算，竹简逾万枚，木牍200余片。竹简即古代书籍，俱为刘贺生前阅读或收藏所用。

在刘贺墓主椁室的西面出土了一面绘有圣贤像的屏风，题字部分出现了"孔子""颜回""野居而生"等字样。专家称，屏风上的人物像包括孔子像，这是我国考古迄今发现的最早的孔子像。从所发掘文物的情况看，墓主刘贺是一位知书达理、爱好音律、情趣高雅的人。

这样一个风雅的刘贺，怎么能和那个不学无术的坏蛋联系上呢？

《汉书》中记载的刘贺是什么样子呢？

"青黑色，小目，鼻末锐卑，少须眉，身体长大，疾痿，行步不便。"肤色青黑，小眼睛，鹰钩鼻子，弓背弯腰，眉毛、胡须很稀疏，还患有风湿，走路不方便。这竟然就是刘贺的真实样子，太对不起他那倾国倾城的祖母李夫人了。刘贺一生经历了王、帝、庶民、侯四种身份。据《汉书·霍光金日磾传》载，刘贺"受玺以来二十七日，使者旁午，持节诏诸官署征发，凡千一百二十七事"。刘贺在位 27 天内，就干了 1127 件荒唐事，平均一天 40 多件，遂因"行昏乱，恐危社稷"被废黜。

刘贺即位前后的一些荒唐事，说明他的确年轻荒淫、骄横放荡、不守规矩，即使有些学识，却不足成大事。

立刘贺为帝的诏书是在凌晨一点左右抵达昌邑国的，刘贺迫不及待地用火烛照着打开玺书。第二天中午，他带了许多东西和近百的随从出发了，下午四五点到定陶，赶了 135 里，侍从人员的马一匹接一匹死在路上。以这样的速度何时才能到达京城？在郎中令龚遂的建议下，刘贺才令郎官、谒者 50 多人返回昌邑。到了济阳，刘贺寻求长鸣鸡，路上买积竹杖；经过弘农，又让身材高大的奴仆用装载衣物的车辆载上抢来的民间女子。郎中令龚遂和刘贺同车，龚遂说："按礼制，奔丧望见国都就要哭。这已经快到长安的东郭门了。"刘贺说："我咽喉痛，不能哭。"龚遂再三劝他，直到城门跟前刘

海昏侯墓内文物残片

贺才勉强为之。

也许他的确应该很好地学习一下他的前辈代王刘恒来京城的样子。

丞相陈平、太尉周勃等使人迎代王。代王手下亲信商议是否可行，商议完后才成行。行至半路，代王仍命宋昌、张武等六人传诣长安；至高陵休息，而使宋昌先驱车到长安看动静。宋昌到了渭桥，丞相陈平和百官都来迎接。宋昌回来报告给代王，代王才到了渭桥，群臣拜谒。代王下车以礼还拜。太尉周勃进曰："原请间言。"宋昌曰："所言公，公言之；所言私，王者不受私。"太尉乃跪上天子玺符。代王谢曰："至代邸而议之。"遂进到京城代邸，群臣跟从而至。

从《史记·孝文帝本纪》里的描写我们的确看到了君明臣贤的一番礼让，更重要的是陈、周两位大臣对代王的礼敬。刘恒本人是从容上路的；而且征召命令到达后，他还有相当充裕的时间与身边的谋臣商讨该不该应征的问题；在路上，刘恒还以休息为名故意在高陵停下来，让自己的亲信宋昌先去长安探虚实，而身为刘恒使者的宋昌竟然受到丞相陈平的亲自迎接。

刘贺喜滋滋地接受了皇帝玺印和绶带，嗣孝昭皇帝后，继承大统，可是他未谒见高祖庙。光是这点，就是不够成熟的标志，后来果然成了罪证。

刘贺接受皇帝玺印以来的27天中，派出的使者往来不绝，拿着符节向各个官署下达诏令，征索物品，荒唐不已，并且几乎每天都在分封昌邑的臣子。朝臣们议论纷纷，都对把国家的前途命运交到这样的人手里感到担忧。当然最担心的还是霍光。龚遂劝谏刘贺悠着点，他不听；太仆丞张敞上书要他检点些，他置若罔闻，继续花天酒地，目中无人，随意封赐他的昌邑国臣子。霍光开始只是睁一眼闭一眼，但越来越觉得如果任其发展，不但对社稷有害，自己小命也不保，于是痛定思痛，当初自己仓促选就的人选，还是自己来处理吧。

经过深思熟虑，霍光禀明上官皇后，同各位大臣联名奏劾刘贺。这时候，霍光已不是一个人，而是一个政治团体，包括张安世、杜延年、杨敞、蔡义、范明友、田延年等一干人。霍光曾为此问计大司农田延年，田说古代就有这样的例子，伊尹废黜商王太甲便博得后人称颂。这让霍光有了理论依据。霍光每次都要找到理论根据才动手做一件事情，他也怕落个逆臣之名。接着霍光又去找张安世，得到了张安世的支持；又告知丞相杨敞，杨敞吓得不轻，不知如何办才好，他的夫人也就是司马迁的女儿替他表了态，保证随时听候大将军霍光调遣。

元平元年（前74年）六月二十八日上午，文武大臣被召集在未央宫开会，三公九卿悉数到场。

霍光先发言，历数刘贺荒淫无道、品行卑劣，自己失察，选出这么一个人，将来一定会危害国家社稷，请大家定夺。大臣们个个呆若木鸡，当然张安世、田延年等人除外。

田延年第一个站出来，说："为了江山社稷，保全刘氏天下，立即废黜刘贺，请大将军决断。如有不从者，立即斩首。"霍光立即接话："我当义不容辞，负起捍卫国家的职责。"

一方面慑于大将军威仪，另一方面又惧怕田延年发飙，群臣哪敢不从，众口一词：唯大将军命是从。

于是众大臣一起到长乐宫觐见上官太后。此时刘贺刚刚问了太后早安，即将返回自己的寝宫。他刚一进门，就被两名侍卫拿下，随后宫门紧闭，昌邑臣和他被隔离开来。张安世随即命人控制了昌邑臣一帮。

尚书令当庭宣读了弹劾奏章，细数刘贺即位以来种种不孝违法之行。宗庙比君王更重要，刘贺没有到高庙告知祖先接受大命，就不可以继承上天的意旨而奉祀宗庙、统治天下万民，应当被废黜。皇太后当然是提前知晓今天的行动，随即准奏，派大臣告祭于高庙。大将军霍光亲自把昌邑王送到昌邑邸，太后诏令刘贺回到故国昌邑，并赐给他汤沐邑二千户。没多久，昌邑国被废除，降为山阳郡。汉宣帝即位后忌惮刘贺，派太守张敞监视他，后又诏令削去刘贺三千户食邑。神爵三年（前59年），刘贺因病去世。

要不是挖开刘贺墓发现这些陪葬品，展现了刘贺的另一面，真以为刘贺就是如此十恶不赦。

据《汉书·霍光金日磾传》记载，霍光称其"行昏乱，恐危社稷"，上官太后斥之"为人臣子，当悖乱如是邪"，刘贺自己也表示"愚戆不任汉事"。

刘贺被废黜时，没能带走宫中的一物一器。当时霍光以上官太后已下废帝之诏为由，直接上前"持其（刘贺）手，解脱其玺组"，扶其下殿，"出金马门"。这相当于霍光直接把刘贺拉下皇位、押出皇宫，由此可以窥见霍光当时的愤怒。

27天的帝王经历，给刘贺留下一个"荒淫"的烙印，然而，通过考古发现，刘贺有"被黑"的嫌疑。通过出土的文物可以看出，刘贺是一个饱览诗书、尊孔崇礼，爱喝酒、下棋，颇具"文艺范儿"的年轻人。

那为何会有这么多罪名呢？关键是刘贺一上位就把这里当成了昌邑国，自己是皇帝了，还怕谁？岂不知，这些大臣尤其是霍光在看着呢。真实的原因恐怕是刘贺即位之后，急于提拔自己从昌邑带来的僚属，忽视了朝中重臣，得罪了以霍光为首的西汉上层统治阶级中的官僚集团。刘贺做出的1000多件出格的事中，真正大逆不道的有几件？爱屋及乌，恨屋也及乌。刘贺被废是忍无可忍的无奈之举，罗列那么多的罪名无非是为了给臣子们废君的忤逆行为找更多合理的借口罢了。历来都是如此，罪名越多，便越能突出他们行为的正当性。

当然霍光实在是忍无可忍了，刘贺大肆分封昌邑来的部下，以期架空霍光。霍光经过深思熟虑，决定除掉刘贺，怕的是将来尾大不掉，甚至连自己的小命也保不住。如果从历史的角度来看，霍光虽然未免强势，但是为了维护心中的政治理想，建立心目中的大汉江山，废掉一个皇帝也就算不了什么了。

回头看看霍光"废帝行动"的步骤，环环紧扣，也从中领略了霍光临危不惧、堪领大局的风度。而刘贺也许是历史上最悲怆的皇帝了。

同年，汉武帝和卫皇后（卫子夫）唯一的曾孙、戾太子刘据唯一的遗孙、18岁的刘病已站到了历史舞台的前面。

第四节　初登宝座的刘病已

历史往往就是那么离奇，刘贺做皇帝的 27 天中最受煎熬的就是霍光了，立刘贺的念头从起到灭可能还没有 27 天。废掉皇帝还要立，立废都是问题，最主要立的人不能再像刘贺。在这几天，霍光的权力达到了极限，把立废皇帝当儿戏还要让天下人看不出这是儿戏，这需要多好的演技呀！霍光做到了，而且还很成功，当然这也是仓促下权衡之后的无奈选择。

然而废掉刘贺之后汉王朝出现了长达 27 天的真空期，这 27 天又一次考验着霍光。

这里还得感谢一个人，这个人叫丙吉。

正当霍光愁眉不展时，丙吉提到一个人，让他做出了抉择。数日前，光禄大夫丙吉作为四使者之一去征昌邑王，去的这几人估计都是霍光器重的心腹之人。估计丙吉也说了刘贺的不少坏话，因为他心目中已有更好的人选，只不过那个时候时机不到。

《汉书·魏相丙吉传》载："后吉为车骑将军军市令，迁大将军长史，霍光甚重之，入为光禄大夫给事中。昭帝崩，无嗣，大将军光遣吉迎昌邑王贺。"

历史又一次发生了离奇的故事。

一位 18 岁的年轻人站到世人面前，而且一下子从黎民到帝王。很难想象一位年轻人在朝中没有一个亲信，没有兵权，没有行政权，刚站到世人面前就得面对历史上最大的权臣——霍光，在深不可测的宫廷中让自己的糟糠之妻成为皇后，让他的儿子安全继承皇位。可他做到了。很难相信这个一无所有的年轻人竟然开创了汉朝的又一个中兴盛世。也是他，这个出生才几个月就被打入死牢的年轻人，在 20 岁左右的时候给了匈奴最致命的一击，奠定了大汉边疆的安宁。这个人性情爽朗、亲民爱民，宽厚仁慈而不失个性，死的时候只有 43 岁。他的一生像夏花一般绚烂，在历史的长河中留下了色彩斑斓的一瞬。如果他再活 20 年，大汉又将会是怎样一番光景？

他就是刘询，原名刘病已，历史上著名的一代明君——汉宣帝！

汉宣帝刘病已

　　按道理刘病已是当不了皇帝的。

　　我们看一下汉武帝之后的皇帝继位顺序：汉武帝—汉武帝的儿子刘弗陵—汉武帝的孙子刘贺—卫太子的孙子也就是汉武帝的曾孙刘询。可见如果没有刘贺当那 27 天皇帝，直接从刘弗陵到刘询是说不过去的，因为他们中间差了两代，皇家是很讲究皇位的正统性和延续性的。新的皇帝首先要从汉武帝的子孙中挑选，而且辈分不能过高，也不能太低。刘弗陵没有子嗣，刘贺已经被实践排除了；汉武帝的儿子中在世的还有广陵王，但是广陵王无能无德，汉武帝生前就将他排除在皇位继承人选之外了，现在自然也不能再去迎立他这一支的人选；燕王一系也出自汉武帝亲子，但是燕王刘旦谋反自杀，属于大逆不道，他的子孙自然也丧失了皇位继承资格。当然原因还有霍光等人不喜欢，这些人不符合他们的利益，并不是一定不能当皇帝。

这时候光禄大夫给事中丙吉进言说："根据武帝遗诏，由官府养育的武帝的曾孙刘病已现在已经十八九岁了，此人通晓经术，资质甚佳，举止安闲和顺。"丙吉认为应该把此人作为重点考察对象。刘病已养于掖庭，与太仆杜延年的儿子关系非常好，因此杜延年对他了解颇深，这时也劝霍光和车骑将军张安世立刘病已。而此前张安世的兄长掖庭令张贺也多次在张安世面前称赞刘病已，所以张安世对刘病已也是有所了解的。可见此人并非浪得虚名。因此霍光对刘病已不免怦然心动，加之这么多自己必须倚仗的人都推荐他，深入考虑，立此人为君是最佳选择。

仔细分析一下，刘病已具备以下优势：其一，在具备继承皇位的资格的皇子皇孙之中，只有他在血缘上与武帝最近，若不选他，就要去武帝兄弟的后人中去选。霍光受武帝遗诏顾命，最终却把江山拱手送给武帝兄弟的后人，显然有负武帝的重托，日后九泉之下如何有脸面见武帝！其二，刘病已为卫太子唯一在世的遗孙，虽为皇曾孙，但他既无王府旧臣，也无强势外戚，朝中更无亲党，势单力孤，是个真正意义上的"寡人"，因此非常容易驾驭。其三，立刘病已为皇帝，有助于安抚民心。因为发生在征和二年的巫蛊之祸是一个大冤案，在这次冤案中，卫太子刘据被江充诬陷行巫蛊之事来诅咒武帝，被逼无奈之下为求自保只好发兵对抗。兵败之后，在武帝震怒之下，卫太子一门除刘病已外全部被诛。武帝在盛怒之下，诛杀随太子反者，哀鸿遍野，以至郡国骚动。然而假的真不了，后来人们渐渐明白太子是含冤而死，因而都对太子寄予了深切的同情。武帝后来为安抚民众，也采取了一些行动，以表达对儿子的同情。如他因此擢千秋为丞相，族灭江充，焚江充的帮凶苏文于横桥上；对于那些加兵刃于太子的人，起初被任命为北地太守，后来则族灭；又建思子宫，在湖县筑归来望思之台。天下百姓听说后，无不因此感到悲伤。

巫蛊之祸中含冤而死的卫太子刘据，一直以来都是有良知的国人心中的痛，所以如果现在立卫太子刘据的遗孙为皇帝，就会让人感到这是朝廷对刘据所做的补偿，因而心生感动。刘据30余年的储君身份所积累下来的巨大的政治影响此时得以体现。

刘病已——这个被朝廷冷落了18年的皇家孤儿，终于进入了权臣霍光的视野而一飞冲天!

西安城南有一个被叫作少陵原的地方，是一座大坟场。之所以被唤作大坟场，是因为这里埋葬了许许多多在历史上有一定身份地位的王侯将相和达官贵人。当我登临这座大坟场的高点——汉宣帝陵顶时，是念了三遍《往生咒》才上去的。前来拜谒，应当是恭而敬之，但是为了登高远望，怀千古之忧思，我同许许多多游人一样，也顺着羊肠小道登临而上，心里却忐忑不安。陵顶上芳草萋萋，清风徐徐，周边一座座大大小小的坟茔似乎在诉说着一段段苍凉的历史。这塬上最大的王陵，那个沉睡了 2000 年的汉宣

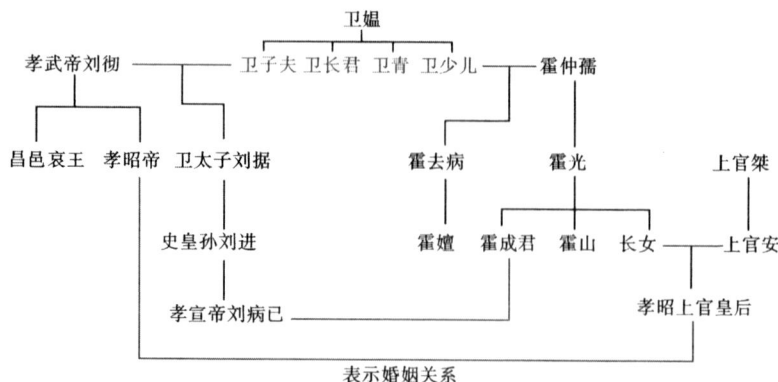

刘病已的皇室亲缘图

帝刘病已，让我的心里翻腾着。

汉宣帝活着时是皇帝，死后也是这座塬最大的王。他的陵冢是这座塬上最大的土疙瘩，所有陪葬冢中数王皇后的最大，此外就是许皇后少陵。宣帝陵西北方、东南方分布着 100 多座陪葬墓。

刘病已的曾祖父就是汉武帝刘彻；他的爷爷叫刘据，时为太子；他的父亲叫刘进。在刘病已出生数月之后，他的爷爷奶奶、父亲母亲因巫蛊之罪都成了刀下之鬼，他也受到牵连而入狱，幸被京城廷尉监丙吉力保得免一死。

关于丙吉保护刘病已还有一段故事。

后元二年（前 87 年），汉武帝生了重病，往来于长杨、五柞宫之间调养。有人想在汉武帝病重时再次兴风作浪，指示看风水的上书说长安监狱中有天子气。多疑的汉武帝竟然派遣使者命令官府将关押在长安监狱中的犯人，无论罪行轻重，一律杀之。老皇帝希望通过这样决绝的做法来扫除一切对自己权力的威胁。

内谒者令郭穰连夜赶到丙吉主管的监狱，要执行皇帝的旨意。丙吉果敢地抗拒圣旨，命令关闭监狱大门，拒绝使者进入。他隔着墙壁对郭穰高喊："皇曾孙在这里。其他人因为虚无的名义被杀尚且不可,更何况这是皇上的曾孙啊!"

双方僵持到天明,郭穰还是进不去,只好返回宫中将情况报告给汉武帝,并弹劾丙吉抗旨。汉武帝猛然清醒了许多,叹气说:"这也许是上天借丙吉之口来警示我吧!"

汉武帝没有追究丙吉的罪过,也没有继续下达斩杀犯人的圣旨,相反却宣布大赦天下,赦刘病已为庶人。说来也奇怪,不久汉武帝的病竟然好了。

丙吉将刘病已送到其祖母史良娣的老家抚养。后来汉武帝醒悟了,下诏将刘病已收养于掖庭,承认了他的皇曾孙宗室地位。

对于刘病已来说,在恢复皇室身份之前,尽管他是前太子的孙子,但作为被排除在皇室队伍外的人,他是毫无政治前途可言的。相反,他可能成为政治祸害的来源,因此达官贵人们都不愿意收养刘病已。现在,刘病已恢复了皇室身份,不仅上升为贵族阶层,而且具备了进入政治核心的可能性。

按照制度，未成年的皇室成员由掖庭令看管抚养。刘病已也被从杜县舅祖父家接到长安来抚养教育。当时的掖庭令张贺曾是刘据的家臣，他很自然地将对前太子的感情转移到了其孙子身上，对刘病已的抚养教育格外上心。掖庭看管松散，少年的刘病已高才好学，喜欢任侠般的生活，斗鸡走马，常常跑出去游历于他小时候居住的长安郊外的杜原。他从这些市井游戏当中感知了风土人情，也体会到了民间的疾苦。

掖庭令张贺很喜欢刘病已，先是想将自己的女儿许配给刘病已，却遭到了弟弟车骑将军张安世的反对，说一个罪臣能给他恢复身份已是万幸，把女儿许给他万万不可。张贺才转而说媒将他的属官许广汉年仅十四五岁的女儿许平君许配给刘病已。公元前75年两人正式成婚。婚后，许平君体贴入微、贤惠节俭，两人相处甚是甜蜜。次年生下儿子刘奭。

依靠妻子许家、张贺和舅祖父史家的关心和资助，刘病已接受了系统的教育。他喜欢读书，向东海澓中翁学习《诗经》非常用功，闻名一时。刘病已虽然在长安的掖庭接受教育，但还是经常回杜县史家居住。他终身都非常喜欢杜县一带的山水，"尤乐杜、鄠之间，率常在下杜"。刘病已和史恭的儿子、他的表叔史高、史曾、史玄一起玩耍长大，史称他"具知闾里奸邪，吏治得失。数上下诸陵，周遍三辅"。

既然选定了刘病已，元平元年七月，大司马大将军霍光与丞相杨敞等联名上书皇太后，说："孝武皇帝曾孙刘病已，年已十八，学习《诗经》《孝经》，操行节俭，慈仁爱人，可以作为接班人继承宗庙，领导国家。"皇太后准奏。

七月二十五日，朝廷派宗正刘德前往尚冠里，让刘病已沐浴更衣准备入宫，命太仆用专车前来接人。

上官皇太后宣读完立刘病已为皇帝的诏书后，刘病已接过玉玺，被霍光领着一同驱车去高祖灵前祭拜，完成了既定仪式。第二年改元为本始元年，刘病已更名为刘询，即汉宣帝。

即位之初，刘询就遇到了一件棘手的事情。皇上即位就要选立皇后，众大臣慑于霍光的威势，一致推选霍光的女儿霍成君为皇后。而刘询的心里只有原配许平君，但慑于大将军的威仪，不敢也不能反对，自己刚刚当上皇帝，怎敢违背霍光的意思？然而他又不愿违背自己的良心，就借下诏寻找一把古剑表明自己的心思，大臣明白了皇上的意思，就都转向支持许平君。霍光不愿意刚开始就与这个还是孩子的刘询闹矛盾，就默默忍受了，但不久就有了给刘询一个教训的机会。

许广汉是许平君的父亲，按理说女儿当了皇后他也应该封侯，有人就按着皇帝的意思上奏，而霍光反对，说许广汉是受过刑的人，没有资格封侯。这让刘询不爽，也自此知道了霍光的威势。霍光当然知道刘询不高兴，一年后才同意封许广汉为昌成君，和侯差了一大截，只是一个安慰吧。

刘询也很懂事知趣，本始元年开春，他就以"定策安宗庙功"大行封赏，加封大司马大将军、博陆侯霍光食邑一万七千户，加上原来的三千户，成了两万户。同时也对其他人都论功封赏。这让霍光很满意，他没有看错人。地节二年（前68年），霍光突然在大殿上跪下奏道："陛下，臣霍光恳请归政。"不管是真心还是故作姿态抑或是厌倦了官场，霍光总算是做出了还政的表示，可是刘询不是笨蛋，他多么愿意啊，每当他和霍光一起乘车都感到芒刺在背，但是真正要他决断时，满朝都是霍光的亲信，他不敢啊。他急忙命霍光平身，说："我还年轻，没有经验，需要您的辅佐，您一定不要推让了。"接着还说以后有奏折直接交给大将军，"政事一决于光"。这次还政也许是霍光的一次试探。刘询不愧在江湖上游走了那么多年，没敢造次。也正是如此，两人相安无事，许多政令都以汉宣帝名义颁发，避免了矛盾，造福于大汉王朝的子民。

霍光虽掌控着人事变更之权，但在具体施政方面也给予了宣帝一定的权力，如龚遂的任用就是如此。宣帝则经常主动维护霍光的利益。如本始元年春，以拥戴之功，封赏霍光等 25 位重臣，其中封霍光等 12 位功臣为侯，赐御史大夫田广明等 5 人为列侯，赐右扶风周德等 8 人为关内侯。宣帝还多次助霍光解决其遇到的难题。本始四年（前70 年）四月，先后两次发生地震，尤其是后一次，"郡国四十九地震，或山崩水出"，破坏严重。五月，宣帝借祥瑞奇异事件，大行德政，"赦天下。赐吏二千石、诸侯相、下至中都官、宦吏、六百石爵，各有差。自左更至五大夫。赐天下人爵各一级，孝者二级，女子百户牛酒。租税勿收"。其意显然是欲抵消地震给霍光带来的消极影响。

当然宣帝对权力空间也进行了积极拓展。首先，施恩宗室贵族。在尊崇、礼敬霍光的同时不断施恩宗室，大施分封，以期得到宗室的认可与支持。其次，针对霍光亲党掌控朝政的现实，宣帝试图通过与霍光亲信的互动，从内部对其集团予以分化瓦解，譬如暗中拉拢张安世。宣帝还着力发展自己的外戚势力，重用许广汉（许皇后的父亲）、史进（祖母史良娣后人）以及乳母王家等。宣帝还任用宦官。

"石显字君房，济南人；弘恭，沛人也。皆少坐法腐刑，为中黄门，以选为中尚书。宣帝时任中书官，恭明习法令故事，善为请奏，能称其职。恭为令，显为仆射。"

宣帝还将在民间时结识的一些朋友引入政坛。如戴长乐，"宣帝在民间时与相知，及即位，拔擢亲近"；陈遂，"宣帝微时与有故，相随博弈，数负进。及宣帝即位，用遂"。

霍氏家族对宣帝的反制也是有效的。如许平君当皇后后，让上官氏搬出未央宫到长乐宫，霍光虽然同意了，却在上官氏归长乐宫后，为其特置屯卫，同时担任长乐卫尉者为其女婿邓广汉，震慑宣帝之意甚明。此外，霍光拒绝封许广汉为侯；宣帝要求朝廷为其父祖议谥，但在霍光亲信蔡义的主导下，将卫太子谥为"戾"，意味着朝廷并没有给卫太子平反，这既维护了武帝的尊严，也维护了社会的稳定；另外群臣再次强调了宣帝与昭帝间的承继关系，明确否定了宣帝与其父亲在法律意义上的父子关系。这一切都让汉宣帝隐隐感到危机，也促使他暗暗壮大自己的实力，而且做到不温不火。

霍光虽然权倾天下，但此时已进入暮年，而宣帝却富于春秋，霍光要想保持其家族的荣华富贵，多少还要靠宣帝的支持。此外，自铲除上官桀等反霍集团以来，霍光的所作所为已为天下所诟议。如宣帝一即位，侍御史严延年就上奏弹劾霍光"擅废立，无人臣礼，不道"，这让霍光颇为忌惮。在维护社会稳定方面，宣帝与霍光的利益具有一致性，因此霍光虽然仍大权独揽，但在形式上让宣帝主持朝政，并对他的意见给予一定的尊重。

所以登位伊始，汉宣帝就表现出了超人的隐忍能力。

第五节　霍氏位极人臣而覆灭

西汉昭宣之时，人臣中权位最高的莫过于霍光，但其死后遭到无情清算，他的后人被诛灭殆尽。但凡权臣，其祸都是在权高位重之时埋下的。

公元前 66 年 7 月，也就是霍光去世第二年，霍家也知道汉宣帝一直对他们不满，所以他们有让霍皇后毒杀汉宣帝的意图，不料被霍家女婿金赏告发，事情败露，霍禹被腰斩，霍云、霍山自杀，霍家一族被满门抄斩。至此，霍光妻子显及儿子、孙女、侄子全部被杀或者自杀；女儿霍成君也被废迁往昭台宫，12 年后自杀；长安城中有数千户人家被牵连族灭。

霍光起初侍奉汉武帝可谓谦恭礼让，克己奉公，"出则奉车，入侍左右，出入禁闼二十余年，小心谨慎，未尝有过，甚见亲信"，可见霍光为官之精到。

然而随着皇权更迭，霍光历经武帝、昭帝、宣帝三朝，权倾一时。后元二年（前87年）春，汉武帝病死前，霍光受遗诏，与金日磾、上官桀等人共同辅佐少帝。从此，霍光掌握了汉朝的最高权力。"帝年八岁，政事一决于光"，霍光的权势从这个"一"字可见一斑。霍光当权，对政敌毫不手软，甚至是诛杀殆尽。

《汉书》记载，有一个右将军叫王莽（与后来专权的王莽同名），他有个任侍中的儿子叫王忽。王忽四处散布谣言，说汉武帝遗诏可能有假，他在许多场合说："帝崩，忽常在左右，安得遗诏封三子事？"霍光把王莽叫来狠狠收拾了一顿，威逼利诱之下，王莽无奈毒死了自己的儿子。当年辅佐昭帝之人，还有上官桀、桑弘羊等人，自然不满霍光一人专权，便联合燕王刘旦密谋"共执退光"。可是偏偏遇见了聪慧的汉昭帝，粉碎了他们的计划，使霍光重生，霍光后来便用尽办法诛灭了这些人。《汉书》说："光尽诛桀、安、弘羊、外人宗族。燕王、盖主皆自杀。"上官桀、上官安、桑弘羊被诛灭九族，盖长公主、刘旦亦先后自杀。其结果是"光威震海内"，几乎无人可及了。

元平元年（前74年），汉昭帝亲政一年即驾崩。汉昭帝卒时21岁，没有子嗣，当然要另觅新君。《汉书》说："武帝六男独有广陵王胥在。"汉武帝六个儿子，只剩广陵王刘胥，但"光内不自安"，霍光对他不满意，理由也很简单，"王本以行失道，先帝所不用"。不过我以为，霍光真正不安的仍是刘胥早已成年，将来是不可控制的。于是，霍光便将目光扫向汉武帝的孙子辈了。最终，他锁定刘彻之孙昌邑王刘贺。在霍光看来，刘贺年方十九，又是纨绔子弟，胸无大志，正是他可以利用和控制的对象。可是，这个刘贺不争气，严重违背了霍光的意志，仅仅当了27天的皇帝就被废了。刘贺进京之时，带了200多人，个个封官许愿。刘贺受玺二十七日，竟发诏封官"凡一千一百二十七事"。显然，他也是一个敢作敢为、有执政能力的人。这样下去，怎生了得？霍光大失所望，当着百官的面，立即废黜皇上。刘贺带进京的200余人，除两人外，其余皆被诛杀。

废立之事，竟然如此草率。刘贺既废，谁来继位？于是丙吉推荐刘病已，霍光允许了。刘病已从小依倚祖母娘家，外戚之中均为没落士人，将来不会影响霍光执掌大权。霍光的愿望，依然是想把汉宣帝当作傀儡皇帝。汉宣帝即位之后，霍光夫妇又做了两件不光彩的事，《汉书》均有记载：一是将女儿霍成君嫁给皇上；二是将汉宣帝在民间所娶的皇后许平君毒死了，使自己的女儿成了皇后。他们还欲毒死许皇后所生的儿子，但未能遂愿。

《汉书》说："光自后元秉持万机，及上即位，乃归政。上廉让不受，诸事皆先关白光，然后奏御天子。光每朝见，上虚己敛容，礼下之已甚。"这一次，霍光看走眼了，汉宣帝是在韬光养晦。

虽然宣帝表面上与霍光相处得颇为和睦，但暗中双方的权力博弈却相当激烈。好在宣帝弄权的手段绵密而细致，又对霍氏家族严加防范，使霍氏家族在对其产生疑忌之时，又心存希冀。当此之时，张安世、杜延年、丙吉等人"调和其间"，虽然史无明文，然"此可以想象而知"。故而霍光在世期间，双方斗争虽然激烈，但勉强保持住了斗而不破的局面，宣帝从而为掌权赢得了时间。

霍光去世之前，汉宣帝还"车驾自临问光病，上为之涕泣"，掉了不少的眼泪。霍光临死还不忘为其后人要官要爵："光上书谢恩曰：'愿分国邑三千户，以封兄孙奉车都尉山为列侯，奉兄骠骑将军去病祀。'"宣帝为人之将死之言感慨，慨然应允，即日拜霍光的儿子霍禹为右将军。

刘询知道，皇帝报仇，十年不晚。地节二年（前68年），霍光去世，汉宣帝即宣布亲政。汉宣帝与霍氏家族的矛盾终于爆发了。当然汉宣帝没有贸然采取行动，他深知霍光一脉在朝廷中已盘根错节，势力强大，《汉书》云"党亲连体，根据于朝廷"，甚为形象。汉宣帝先是允许臣下上"封事"，这样就可以绕开霍氏所把持的尚书；然后又逐渐剥夺了霍氏的军权，"乃徙光女婿度辽将军、未央卫尉、平陵侯范明友为光禄勋，出次婿诸吏中郎将、羽林监任胜出为安定太守。数月，复出光姊婿给事中、光禄大夫张朔为蜀郡太守，群孙婿中郎将王汉为武威太守，顷之，复徙光长女婿长乐卫尉邓广汉为少府。更以禹为大司马，冠小冠，亡印绶，罢其右将军屯兵官属，特使禹官名与光俱大司马者。又收范明友度辽将军印绶，但为光禄勋。

及光中女婿赵平为散骑、骑都尉、光禄大夫将屯兵，又收平骑都尉印绶。诸领胡越骑、羽林及两宫卫将屯兵，悉易以所亲信许、史子弟代之"。从中我们可以看到霍氏家族在朝中势力之大，不仅全是显宦，而且多掌握兵权，尤其是未央卫尉、长乐卫尉这样的职务更是直接负责皇宫的安全，表明在霍光生前，汉宣帝一直处于他的牢牢控制之中。

此后汉宣帝和他的亲信一直演着"双簧"，不断有人弹劾霍氏家族，魏相就是因此而荣耀的，这一切，自然令霍家人坐立不安，霍禹、霍山等人甚为恐惧。《汉书》记载，他们梦见"井水溢流庭下"，"灶居树上"，家里老鼠"暴多"，与人相触，以尾画地，"鸮数鸣殿前树上"，"第门自坏"，等等。显然，这些都是凶象。霍家人自感不妙，遂决定冒险。《汉书》说："谋令太后为博平君置酒，召丞相、平恩侯以下，使范明友、邓广汉承太后制引斩之，因废天子而立禹。"他们想让霍皇后用毒酒毒死汉宣帝，然后由霍禹做皇帝。然而，此时的汉宣帝早已羽翼丰满、成竹在胸了。公元前 65 年，汉宣帝根据举报将霍家及其余党一网打尽。《汉书》说："禹要（腰）斩，显及诸女昆弟皆弃市。唯独霍后废处昭台宫，与霍氏相连坐诛灭者数千家。"可怜霍氏一族，几乎没有留下活口。霍光的老婆、儿子都被处死，唯一活下来的人是霍皇后，在冷宫苦苦度日，据说最后也自杀了。在数千家被杀后，汉宣帝才假惺惺地发了一通诏书："乃者，东织室令史张赦使魏郡豪李竟报冠阳侯云谋为大逆，朕以大将军故，抑而不扬，冀其自新。今大司马、博陆侯禹，与母宣成侯夫人显，及从昆弟子冠阳侯云、乐平侯山、诸姊妹婿谋为大逆，欲违误百姓，赖宗庙神灵，先发得，咸伏其辜，朕甚悼之。诸为霍氏所违误，事在丙申前，未发觉在吏者，皆赦除之。"

霍氏一家真正算是死无葬身之地了。

因为毕竟自己是霍光所立，所以汉宣帝并没有从根本上否定霍光。

接着汉宣帝下诏封原皇后许氏所生之子刘奭为太子，也算是对自己耿耿于怀的许皇后事件有了一个交代。

霍光专权20多年，皇帝的废立他一言而决。霍光先后侍奉了三个皇帝，而地位始终牢固，这与他善于处理权力的分配有着十分重要的关系。

权势这东西，既可以使你享尽荣华，也会使你家破人亡，人们对它时常有一种既爱又怕的矛盾心态。怎样才能既得利又不受害呢？历代的官僚大致采取了两种办法：一种是自我抑制，另一种是保持距离。

所谓自我抑制，是对那些已经拥有大权高位的人而言，不要贪得无厌，要适可而止，能推掉的权力就要推掉一些，能让出的官爵就让出一些，要永远记住"盈则溢，满则亏"、盛极必衰的道理。霍光在汉宣帝即位之初也做出过还政的姿态，但是刘询知道霍氏势力，并不敢接受。后来的曾国藩之所以为后人尊崇，就是在功高震主之时自削兵权，自降三级。他说：一碗水太满，倒了则将一滴不留；自己倒掉三分之一，才能确保碗中一直充盈。这些值得当今人反思。

史书有云："威震主者不畜，霍氏之祸萌于骖乘。"霍光威震四海、自以为光宗耀祖之时，也给霍家埋下了祸根。这也是定数。另有史家评价："夫奢则不逊，不逊必侮上；侮上者，逆道也。在人之右，众必害之。"

霍光一生，治国还算有方，虽然不能说像周公辅政那样，凡事做到尽善尽美，但起码也是尽职尽责，没有功劳也有苦劳。然而，他秉公处理政事的同时，对涉及个人的家事却有许多处理不当之处。

那么，霍光是忠臣还是奸臣呢？

忠和奸是两个泾渭分明的概念，但是在历史上往往难以分辨。忠，便是全心全意为国家社稷着想，没有谋反之心，从这一点上讲，霍光当算忠臣；可是他又大权独揽，超越了人臣之礼，实在是大奸有余。

霍氏之所以覆灭，原因有这么几个：

其一，霍光家族权力遍及朝野。霍光的儿子霍禹及侄子霍云都是中郎将，霍云的弟弟做奉车都尉、侍中，两个女婿也做了东宫、西宫的将军。刘询怎能不担心，这是刘家的天下，还是霍家的天下？

其二，霍光的女儿做了皇后。霍光的妻子用毒药把刘询的结发妻许皇后药死了。汉宣帝痛彻心扉，加之封许皇后父亲侯位霍光不允，遂隐忍多年，怨恨越积越重。

其三，霍光之后人张扬不谦虚。霍光的儿子及亲戚大兴土木，遍盖豪宅。霍云经常不上朝，家奴狗仗人势居然毁坏了御史大夫的宅门，而且不依不饶，令百官共愤。

其四，汉宣帝少有大志，但霍光久不还政，宣帝如芒刺在背，隐忍多年。

权力从来都不是好东西，是双刃剑，有时可以让人很风光，有时也能让人跌入低谷。司马光说过："霍光之辅汉室，可谓忠矣；然卒不能庇其宗，何也？夫威福者，人君之器也。人臣执之，久而不归，鲜不及矣。"做臣子的从来都需要审慎从事，辅佐国家既要施以才智，也要保全自己的家族不至于被戕害，如此高调做事、低调做人，才是正确的选择。

对于霍光来说，周公辅政只是一个传说、一种理想的境界，到了具体操作时，问题就变得十分复杂，霍光能基本做到秉公治朝治国已经是很不容易了。他的悲哀在于只善谋国，不善谋家。他辜负了汉武帝画图托孤，让他辅政不是不还政，尤其是在昭帝之时，昭帝刘弗陵早已成年，按说 18 岁就是一个台阶，宣帝也是 18 岁即位。霍光舍不得，当然也难舍，他的许多仇人虎视眈眈，可见宦海如渊，一旦骑在虎背上，下来真不易。要在虎背上安家生子，最后连媳妇、儿子都成了虎口之餐。

因此霍光比不得周公，最后家族被诛灭实是他未预料到的。早知有这么大的灾难等着，还不如自己承受，以他的聪明才智或许有转机；而他没有。

第六节　情义皇帝刘病已

罢黜了刘贺，这中间竟然空了20多天没有皇帝在位。可见霍光废帝是无奈之举。

元平元年（前74年）七月，霍光奏议上官太后说："礼制，人重视血统关系所以就尊重自己的祖先，尊重祖先就会敬奉祖宗的事业。昭帝无嗣，应选择支子孙贤德的为继承人。武帝曾孙名病已，有诏令由掖庭进行照管，至今已十八岁。从师学习《诗经》《论语》《孝经》，操行节俭、慈仁而爱人，可以做昭帝的继承人，奉承祖宗大业，统驭天下臣民。"15岁的上官太后（也就是霍光的外孙女）表示同意。因而霍光的一切作为变得名正言顺起来。

皇宫随即派使节到尚冠里（宗室成员朝会后休憩之处）的刘病已家里，伺候刘病已洗沐更衣。太仆以軨猎车载着刘病已，先到宗正府中。随后刘病已进入未央宫拜见皇太后，被封为阳武侯。之后是群臣奉上玺、绶，恭迎刘病已即皇帝位。刘病已于是拜谒高庙，向列祖列宗宣布登基称帝的消息。

早在民间时，刘病已对霍光的权势和威风就有耳闻。他在一夜之间由一个平民变成了至高无上的皇帝之后，更领教了霍光的权威。他一即位，就明显地感觉到了朝廷内部来自霍光集团咄咄逼人的政治压力。虽然年纪轻却有着丰富的生活阅历的汉宣帝心里明白，自己初即位，力单势薄，仅凭着一个皇帝的称号是不能和羽翼丰满的霍光相抗衡的，只有保持最大的克制，逐渐发展自己的势力，寻求有利时机，才能夺回属于自己的最高统治权。所以即位伊始，他明确表示自己非常信任霍光。他也的确感激霍光，没有霍光他也不可能继承皇位，所以请霍光继续主持朝政，并当众宣布：事无大小，先报请霍光，然后再奏知他本人。事后他还专门下诏褒奖霍光的援立之功，益封七千户。汉宣帝的这一系列行为对于消除霍光对他的猜忌和提防，缓和朝廷内部潜伏的政治危机，为他的统治创造良好的政治气氛起到了极其明显的积极作用。

汉宣帝的确是个非常有意思的皇帝，也是历史上最有情有义的皇帝。

这还得从王皇后的父亲王奉光说起。王奉光从房县来到京城，无所事事，和同样嗜好斗鸡的许广汉认识成为朋友。许广汉在掖庭和刘病已住在一起，对他非常照顾，刘病已也经常和他出去玩，于是认识了王奉光。17岁时，刘病已娶了许广汉的女儿许平君为妻。公元前74年，汉昭帝无子早逝，有皇族血统的刘病已最终被立为皇帝，也就是历史上的汉宣帝。

在这里先说一段千古流传的故剑情深的故事。

掖庭令张贺（张汤的儿子）原是刘据的部下，对刘病已极好，自己出钱供刘病已读书，"辅导朕躬，修文学经术，恩惠卓异"。刘病已长大后，张贺"称誉皇曾孙，欲妻以女，安世（张贺弟弟）怒曰：'曾孙乃卫太子后也，幸得以庶人衣食县官，足矣，勿复言予女事。'于是贺止"。

最终张贺为刘病已迎娶掖庭暴室属官许广汉的女儿许平君为妻。

终霍光一生，刘询对他都是言听计从、百依百顺的，只有一件事例外，就是立皇后。当时众公卿都认为霍光之女是最佳的皇后人选，甚至集体上书。

这时候，刘询却下了一道莫名其妙的诏书：我在贫微之时曾经有一把旧剑，现在我十分想念它啊，众位爱卿能否为我将其找回来？《汉书》有"上乃召求微时故剑"。群臣揣摩上意，开始一个个请立许平君为皇后。许平君与刘询于公元前75年成婚，前74年生下后来成为汉元帝的刘奭。至此，宣帝如愿以偿。依例，皇后的父亲许广汉一定要封侯，但霍光却始终不允，后来才封了个"昌成君"。"故剑情深"的浪漫典故从此开始流传，这是中国历史上一道最浪漫的诏书、一道皇帝对贫女的许诺诏书。尽管许平君去世得很早，但对她来说，得一知己若此已是十分的幸运。后来他们的儿子还如愿以偿当上了皇帝，这足以告慰泉下。

几年后，许平君不幸被霍成君的母亲霍显害死。随后，大司马、大将军霍光的女儿霍成君当上了皇后。5年后，霍光家族谋反，被汉宣帝全部诛灭；23岁的霍皇后被打入冷宫，结束了皇后生涯，在看不到希望的情况下选择了自杀。两任皇后均离世，而太子刘奭年幼，汉宣帝不愿选一位当权重臣的女儿或者有心计的女人为皇后，怕对他和许平君的骨血不利。他决心为儿子找一养母，最后，将妃嫔中的王婕妤册立为皇后。这个王婕妤就是汉宣帝登基前的朋友王奉光的女儿，因为这个女人曾五次订婚而五次未婚夫都在成婚前病死，有谣传说她"命中克夫"，这让王奉光非常忧虑，时常在当时的刘病已面前表露出来。也许是开玩笑也许是当真，刘病已答应日后如果富贵一定不忘朋友的女儿。宣帝即位后看在王奉光的份上兑现了承诺，选王氏入宫做了婕妤，免得她嫁不出去。王氏尽管入宫多年，却一直没有子嗣。因是老友之女，又是无子之妃，禀性善良的王氏便成为汉宣帝心目中的"最佳养母人选"。不久，王氏便被汉宣帝封为邛成皇后，即为汉宣帝的第三任、也是最后一任皇后，其实就是太子的忠厚养母。当上了皇后的王氏，尽管物质享受和身份地位较以前都有了极大的提高，但汉宣帝却很少接见她，甚至从不光顾她的寝宫。估计刘询是害怕她克自己，但他为此又感到内疚，所以又加封王奉光为邛成侯。刘奭即位后也不忘养育之恩，封王皇后为皇太后，王氏 70 余岁而终，葬在刘询陵寝东侧，也是少陵原上仅次于汉宣帝陵的大陵。

刘病已诚惶诚恐地当了皇帝，对霍光、张安世、杜延年等人当然是感激涕零。杜延年"以定策安宗庙"增户二千三百，与始封食邑共四千三百户。下诏有司论功封赏，大司马、大将军霍光功德超过太尉、绛侯周勃，车骑将军张安世、丞相杨敞功比丞相陈平，前将军韩增、御史大夫蔡谊功比颍阴侯灌婴，太仆杜延年功比朱虚侯刘章，后将军赵充国、大司农田延年、少府史乐成功比典客刘揭，皆封侯益土。

汉宣帝还不忘他的伙伴和亲人们。元康三年（前 63 年）三月二日，刘询下诏追赐张贺为阳都侯，封其养子张彭祖为阳都侯；张贺亲生儿子早死，只有一个年仅 7 岁的孙子张霸，赐爵关内侯；丙吉封博阳侯；祖母史良娣兄长史恭的两个儿子史曾为将陵侯、史玄为平台侯；许广汉的两个弟弟许舜为博望侯、许延寿为乐成侯。

后来宣帝虽然剿灭了霍氏家族，但对霍光还是很尊重的。

甘露三年（前51年），西汉中兴之主汉宣帝刘询因匈奴归降，回忆往昔辅佐有功之臣，乃令人画11名功臣图像于麒麟阁以示纪念和表扬，后世往往将他们和云台二十八将、凌烟阁二十四功臣并提，有"功成画麒麟阁""谁家麟阁上"等诗句流传，以为人臣荣耀之最。

麒麟阁十一功臣是西汉王朝11位名臣的总称，后世简称麒麟阁。

麒麟阁坐落在未央宫中，因汉武帝元狩年间打猎获得麒麟而命名。11人中大司马、大将军、博陆侯霍光列为第一，其次为大司马张安世，大司马、车骑将军、领尚书事韩增，后将军赵充国，大司农、御史大夫、丞相魏相，太子太傅、御史大夫、丞相丙吉，太仆、右曹、给事中、御史大夫杜延年，阳城侯刘德，太中大夫、给事中、少府梁丘贺，谏大夫、丞相司直、御史大夫、左冯翊、大鸿胪、御史大夫、太子太傅、前将军、光禄勋领尚书事萧望之，中郎将苏武。

只是在牌位上未写霍光名字，只写道：大司马、大将军、博陆侯霍氏，既表示了尊重，也表示了不满。不过霍光一生历四朝而未谋反，不能说不是忠臣。

直到汉成帝之时，霍氏家族才得到抚慰。汉成帝刘骜时，仅仅为霍氏一家所置的坟头便有百余处，并"吏卒奉祠焉"。霍氏一脉，毕竟为汉家天下立下汗马功劳，也算是在悲悲戚戚中感受皇恩浩荡了。

汉宣帝对张安世也是爱恨交织。

张安世起初反对哥哥张贺将女儿嫁给刘询，刘询继位后对张贺进行了封赐，以谢当年知遇之恩，同时也原谅了有眼无珠的张安世，并且对他信任至极，为何呢？因为刘询想以此来制衡霍光，他表面倚仗霍光，暗地重用张安世，两人配合默契。张安世趁机推荐得力之人给汉宣帝，也不太让霍光怀疑。因此，同是托孤重臣的张安世论显赫实际盖过霍光。张安世死后，汉宣帝赐茔于杜原自己正在修建的陵寝之西，身后也要他陪伴自己，而霍光陪葬在宣帝的曾祖刘彻的茂陵。同是刘彻旧臣，为何张安世就能不按规矩？即使在刘彻面前张安世还不够格，那么陪伴汉昭帝刘弗陵总可以吧，要知道他可是托孤重臣。由此可见刘询的偏心。2008年凤栖原北里王村发掘的汉王级别古墓群印证了张氏的荣耀，譬如驷马一车以及长乐未央的瓦当等许多葬品都是当时皇帝所赐。

晚年的张安世只管低头做官，闷声发财；张夫人持家有术，自开纺织工厂，家佣700余人，富于大将军霍光。公元前62年，张安世去世。当然，刘询曾经也忌惮过张家权势，在张安世死后，将他的儿子从外面调回京城，等于是闲置，但还是礼遇有加。

富平侯张安世创造了一个奇迹：后汉光武帝刘秀重建汉朝后，对西汉的刘姓王爵、异姓侯爵概不承认，刘姓王基本全降为侯，而对异姓侯更是悉数抹杀；只

张安世印

有一人例外，就是张安世的后人张纯。刘秀执意要树立这个典型，于是在张纯根本毫无功劳的情况下，封他为武始侯，食邑是富平侯之半。于是张家从元凤六年（前75年）张安世受封富平侯始，共传安世、延寿、勃、临、放、纯、奋、甫、吉9代，张吉在永初三年（109年）去世，因无后而绝封，共传184年，成为两汉之际"传国八世，经历篡乱。二百年间，未尝谴黜"的唯一幸运者。在残酷的生存环境中，张安世以无比的智慧和清醒的头脑破解权力迷局，从而能保存实力，满而不溢，荫泽后裔，可谓运世良才！

还有那个救刘询出狱，后来又推荐他当上皇帝的丙吉，刘询对他的信任仅次于张安世。丙吉先做御史，后做丞相。丙吉病危时，汉宣帝前去探视，执手问谁可继任丞相。丙吉一生忠贞，只让刘询自己定夺。刘询再三询问，丙吉推荐了杜延年、于定国、陈万年三人。后来，汉宣帝都加以任用，杜延年、陈万年做了御史大夫，于定国做了丞相。丙吉有知人之明，刘询任人唯贤，更不失深情。知而不用能奈其何，知而用之乃为明君，刘询恪守诺言，让人为之肃然起敬。

汉宣帝不忘糟糠之妻，刚继位就对岳父加以封赐，霍光便从中作梗说："皇后父广汉曾服过刑，不宜在君王之侧。"因此，封许广汉为昌成君就国到封地。汉宣帝地节四年（前66年），奭立为太子，乃加封其外祖父昌成君许广汉为平恩侯，位特进（以授列侯之中有特殊地位者）。复封广汉的二弟许舜为博望侯，三弟许延寿为乐成侯。神爵元年（前61年），许广汉薨，谥曰戴侯，无子绝嗣。宣帝将其葬于杜陵（西汉皇帝的陵园）自己的陵寝南园旁。

第四章

孝宣中兴

第一节　宣帝的个人魅力

汉宣帝与汉高祖刘邦经历颇为相似，"兴于布衣"，唯一不同的就是没有经历过打仗。好在他一即位就遇到了打仗，虽然没有亲身经历，却也是运筹之人。

战国时代的任侠风气，根植于个人自由放任、不受社会约束的天性，是对法治、吏治的反抗，在那时是一种新风尚、新风气。政治社会中央政府是庙堂，民间被誉为江湖；政府是白道，民间是黑道。所谓任侠就是行侠义，个人与个人之间因知遇相互依托，行武用剑，轻生死，重承诺，以感恩图报相往来。

游侠风气在汉初依然盛行，从上层社会到民间，既包括许多不法亡命之徒，也不乏王公贵人。春秋四君子——

楚国的春申君、赵国的平原君、齐国的孟尝君、魏国的信陵君以养士著名，他们的府邸是游侠集聚的地方。

刘邦在游侠时期结交的一批朋友，后来都成了他的左膀右臂。刘病已的任侠生涯是在18岁之前，也结交了一批斗鸡遛狗的朋友，虽然都是下三烂，可是他们让他深深了解到了底层人的生活和吏制的弊端，影响着他继位后的施政方针和政局走向。

刘病已幼年可谓多灾多难，是历史上唯一一位刚一出生就坐过监狱的皇帝。"大难不死，必有后福"大概就是说的刘病已吧。

刘病已早年"斗鸡走狗……数上下诸陵，周遍三辅……尤乐杜、鄠"。

那么杜、鄠在什么地方呢？《读史方舆纪要·陕西一》载："晋大兴四年，终南山崩……侯子光聚众杜南山。"可见，至少在晋代时秦岭主峰之一的终南山位于杜县，由此推断杜县南界当在秦岭之际。

杜的西部边缘在什么地方？朱熹在《孟子·离娄》中注："毕郢，近丰镐，今有文王墓。"《竹书纪年》卷下云：

"成王元年夏六月葬武王于毕。""毕西于丰三十里"，司马迁强调其地在"镐东南杜中"，可见，毕的位置在今长安区郭杜街办祝村乡、细柳街办范围之内的可能性较大，这应该就是当年杜县的西部边缘。

若以"杜市"的发掘做历史依托，则今天的大兆地区当是杜的东界。至于汉宣帝，因早年"斗鸡走狗……数上下诸陵，周遍三辅……尤乐杜、鄠"，因此改杜国为杜陵，人称上杜。其死后便采东边的朝阳，葬在今日的杜陵下杜一带，而杜的核心地区也就相应地有所东移了。

鄠县又在哪里呢？周平王东迁，以岐丰之地赐秦襄公，秦改"扈"为"鄠邑"。秦孝公十二年（前350年）迁都咸阳置鄠县，历代相沿。西汉初年，置鄠县，故治在今鄠邑区（原户县）北1公里，属右扶风；高帝九年属内史；武帝太初元年至东汉，均属右扶风。

刘病已和湖北来的王奉光成了好朋友，一同在杜鄠间游历。王奉光本就是个江湖浪荡子，阅历广，见识多，给了刘病已许多教化。

许广汉这个暴室属官不嫌弃刘病已，还将女儿嫁给了他，并请来东海濩中翁给病已讲授《诗经》《论语》《孝经》。刘病已高材好学，学习得很快，但他更喜欢游侠、斗鸡、走马。张贺这个掖庭令原先是他爷爷刘据的下属，对他也是百般照顾。

这些让刘病已懂得了感恩。知疾苦才能知感恩，可见他是受了苦的。

刘病已骨子里其实就有儒家血脉的延续。他的爷爷刘据当年做太子时，诏受《公羊春秋》，后从瑕丘江公受《谷梁》；待其成人，汉武帝又立博望苑，让刘据和大儒们交流。刘氏子弟从小受正统教育的事实没有改变，刘病已的父亲刘进一样接受过系统教育。

丙吉推荐刘病已时只说"通经术、有美才、行安而节"，后来霍光有意告知天下宣帝受过的教育"清单"：师受《诗》《论语》《孝经》，躬行节俭，仁慈爱人。虽然不乏对他的溢美，但是对刘病已具有儒家气质的认可应该是不虚的。

因此说汉宣帝的游侠习性和儒学气质对他的执政有很大影响。

良好的个人修养和独特的阅历使作为皇帝的他很勤勉，知民事之艰难，亲政伊始，励精为治，枢机周密，品识兼具，上下相安，各自勤勉，"五日一听事，自丞相以下各奉职而进"。

皇帝不疏怠，大臣自然不敢懒惰，因而才会有政通人和之世。

第二节　中外朝制度

以汉武帝为首的统治者为了适应日益庞大的官僚机构对吏员的需要，逐步建立了一套选拔统治人才的制度。这套制度包括皇帝征召、私人荐举等多种方式，但最制度化的是察举，即由地方（也包括中央各部门）长官负责考察和举荐人才，朝廷根据情况录用为官。

什么是察举制呢？

汉代选士始于汉高祖十一年（前196年）二月，西汉政权刚刚建立，求贤若渴，高祖下诏要求各郡官员劝勉贤士应诏，郡守若遗贤不举就要被免官。

察举、征辟成为汉代选举贤良为官的一种制度。征辟作为对察举制的补充，和察举一起构成了汉代选官制度的主体。

汉文帝继承了这一制度，曾于公元前178年下诏："举贤良方正能直言极谏者。"公元前165年又下诏："诸侯王、公卿、郡守举贤良能直言极谏者。"文帝还亲自出题策问，以示重视。所谓"策问"，就是皇帝就时政提问，令被荐举者作答。答者要对问题进行分析，提出解决问题的相应主张和建议，叫作对策。对策要封好交给皇帝亲自拆阅，皇帝根据其优劣高低授予官职。察举逐渐作为一种制度在汉武帝时期确立了下来。察举又分为举贤良、举孝廉及茂才（秀才）三种。

建元元年（前140年）冬，武帝沿袭了这一制度，下诏"举贤良方正直言极谏之士"。董仲舒就是在这次贤良对策中被选中的。

还有就是学校培养。

太学是当时的国立大学，设五经博士，博士教授的学生分两部分：一部分是由太常选送的；另一部分由地方郡国选送。学业完成后，学生按学习成绩优劣被分配到有关机构工作。这一制度在武帝时适用范围不大，但发展到后来范围逐渐扩大，对政治文化生活影响巨大。

另外还有任子制。

任子制是关于任二千石以上的高级官员子弟为郎的规定，二千石以上的高官任职满三年，可保举同母的兄弟或儿子为郎。这一制度到武帝时期还实行着。如苏武，因其父苏建从大将军卫青击匈奴有功封平陵侯，后为代郡太守，苏武兄弟三人"并为郎"；再如霍光因其兄霍去病任为郎。事实证明，任子制也可选拔出优秀人才，如苏武、霍光都是当时杰出的人才。

再有一种是訾选。这是根据家庭财产多少而实行的选官制度。后元二年（前142年）景帝下诏书说：现在家产十万以上纳十算算赋的人才能选官，清廉的士人当官不用那么多的家产；有市籍的商人家中财产多也不能当官，家中资产少于十万的也不能当官，朕很同情他们。于是规定家产四万纳四算算赋的人就可以当官。这就是说，景帝这道诏令让家产四万者就可以选拔为官，使得一些家境较为贫寒的人也可以做官，可以说是一种社会的进步。桑弘羊出生于洛阳富商家庭，13岁即为侍中，也就是武帝即位的建元元年（前140年）。他是如何当上侍中的呢？有说他是因伴读时少年聪慧被汉景帝封为侍中，也有的学者认为他就是通过"纳訾"入仕的，最后做到御史大夫。

汉承秦制，汉初丞相权力很大。

汉高祖刘邦和汉惠帝刘盈分别以功劳很大的萧何、曹参为丞相，丞相权力威望盛极一时。汉景帝时，窦太后希望封王信为侯，汉景帝表示："请得与丞相计之。"于是与丞相周亚夫商议，周亚夫以刘邦"非有功，不得侯"的约定予以拒绝。霍光拒绝封许广汉、丁外人也是以此理由。

汉武帝幼年继位，丞相把握行政大权。逐渐成年的武帝开始不满意丞相的职权，因为丞相权力过大，皇帝就无事可做了，自己的亲信也就受到了制约。《史记·魏其武安侯列传》记载，汉武帝初年一次奏事，丞相荐举升迁官员，严重侵犯了皇帝的用人权。汉武帝内心极度不满，说："你举荐完了吗？我要举荐了。"丞相又请求占用少府之地扩建宅第，汉武帝愤怒地说："你为何不占武库之地呢？"可见他已经忍无可忍。

汉武帝成年后主持政务，有意改变丞相位尊权重的传统。他在位 54 年，其间频繁换相，先后 13 人任相，其中 3 人免职，2 人畏罪自杀，3 人下狱处死，只有 4 人正常死亡。伴君如伴虎，的确不假。

汉武帝是个不受人节制的人，他要自己掌握权力，为进一步分散和限制相权，特意从身份低微的士人中破格选用人才，担任国家政治中枢机构官员——侍中、常侍、给事中等，让他们能够出入宫禁参议要政。皇帝亲自任命和直接指挥的高级将领如大司马大将军卫青、骠骑将军霍去病、贰师将军李广利等也参与机要，其中，大司马大将军权势超过宰相。于是，和丞相、太尉、御史大夫、九卿所构成的官僚机构——"外朝"相对应的"中朝"得以形成。

中朝，又称"内朝"，由皇帝左右亲信近臣构成，负责对重要政事先在宫廷内做出决策。

尚书本是皇帝身边掌管文书的官员，中朝形成后，尚书地位日益上升，在中朝逐渐居于核心地位。

在削弱外朝相权、变更宰相制度上，武帝亲自规定丞相职权。首先从控制丞相人选入手。一方面，选布衣公孙弘为相。原先封侯才可以做宰相，现在做宰相就可以封侯，这是汉朝政治制度的一大转变。这说明武帝为了削弱相权、提高皇权已经改变了常规，在不受资望、能力、阶级等条件约束的情况下，选用自己满意、易于控制的人充任相职。另一方面，丞相职权从武帝时开始逐渐减轻、分流，变得越来越小。如丞相原有的监察郡国长吏之权也划归武帝直接派遣的十三州刺史和司隶校尉。

汉代中央官制最大的一个变化就是汉武帝时期内外朝的出现。内朝即中朝，是汉武帝为削弱丞相、太尉和御史大夫三公权力而产生的；外朝又称外廷，是以丞相为首的三公九卿组成的行政办事机构。汉初，丞相掌朝政，太尉掌管全国军事，御史大夫掌管百官，皇帝只在朝会上对重大朝政做批示。后来撤去了太尉一职。汉武帝为了加强中央集权设置了中外朝，由中朝对文武百官发号施令。中朝由皇帝的亲信、内侍组成，代表着皇帝的意志。

尚书台长官为尚书令，次官称丞。张汤的儿子张安世曾

174

因为写字好、记忆力强被武帝任为尚书令。武帝以后，随着君权的发展和皇帝个人能力的减弱，尚书的职权逐渐增大。

由此可知，武帝时出现的中朝由两部分人组成：一部分是尚书台有关人员，他们的职权是收发、保管、评议有关机要文书，分类整理提出的意见供皇帝使用，审决后交执行机构办理；另一部分是武帝从郎、大夫、公卿中选出的，给予侍中、给事中、中常侍等职位，形成自己的亲信，这部分人的职责是出纳王命，贯彻武帝意图，对丞相等公卿大臣进行监督和直接被委派为使臣处理相关事务。总之，中朝的设置大大加强了专制主义皇权对国家各方面的控制。

随着中朝的出现并壮大，以丞相为首的外朝地位逐步下降。公孙弘任丞相后，李蔡、庄青翟、赵周、石庆、公孙贺、刘屈氂相继为丞相。自李蔡至石庆，丞相府地位每况愈下；至公孙贺、刘屈氂时，丞相府客馆已坏为马厩、车库、奴婢室。这说明武帝时丞相的地位已大大下降，后经西汉后期至东汉的发展，中朝逐步取代了以丞相为首的外朝。

两汉的皇帝就是利用中朝这个组织，把中央政权从以丞相为首的权力组织手中过渡到自己手中以及宫廷内部。皇帝个人大权在武帝以后日益加强，但是皇帝一人不可能揽尽天下所有大事，即使再有能力的君主也要委任身边的人做助手，尤其是皇帝幼小或无能之时，政府这个庞大的机构毕竟不是少部分人就可以运作的。皇帝信任中朝导致了近侍窃权弄柄，霍光的权势日炙也是因为中朝地位显要的原因。

汉宣帝治理国家，认为"汉家自有制度，本以霸王道杂之"。霸道指的是法家的富国强兵之术，而王道则是儒家以仁治国的理念。汉武帝将二者糅合在一起治理国家；宣帝说的制度指的就是此。汉宣帝进一步完善中外朝制度，推行"循吏"政治，"尚德缓刑"，石渠评议，成为治国的指导思想。

霍光受武帝遗诏辅弼昭帝，直到地节二年（前68年）去世，运作汉室整整20年，其间废帝立帝如同儿戏，昭帝成年而不还政，虽然有人称他是周公再世，可是他已被利欲蒙蔽了双眼，昭帝无能为力。到了宣帝时，这种权臣与君主的矛盾就凸显了出来。

刘贺一上位急于求成，企图重用昌邑群臣、褫夺霍光大权，被霍光识破才有了 27 天皇帝的下场。

汉宣帝则吸取了教训，学习文帝进京，以"垂恭无为"的姿态拒绝霍光还政，暂时缓解了和霍光之间的权力之争，但仍没有彻底解决这一矛盾。其实细细分析，这一矛盾并不全是霍光的问题，而是与西汉中期中朝势力的兴起以及外朝势力的衰弱这一制度变化息息相关。

霍光谨小慎微，由于"出入禁闼二十余年、小心谨慎"的持重性格获得了武帝的信任，武帝也不希望中朝坐大，于是用外朝丞相田千秋以及御史大夫桑弘羊等人制约中朝。霍光刚摄政时也是韬光养晦，"每公卿朝会"，霍光都对田千秋说"今光治内，君侯治外，宜有以教督，使光毋负天下"，但等自己羽翼丰满后，便借着刘旦之事收拾了他们。元凤四年（前 77 年）田千秋去世，王䜣、杨敞、蔡义、韦贤相继为相，个个唯唯诺诺，完全唯霍光马首是瞻。自此外朝势力渐衰，这种状况直到宣帝时才得以改变。

魏相代替韦贤为相后出现了巨大变化。

魏相（？—前59年），字弱翁，济阴定陶人，是西汉宣帝时期不可多得的一位政治家，先后任茂陵令、扬州刺史、河南太守、大司农、御史大夫等职，最后官至丞相，封高平侯。在任茂陵令时，御史大夫桑弘羊的亲戚横行乡里、鱼肉百姓，魏相辨明真伪，不畏权贵，将其收捕治罪，并杀于街市示众，从此茂陵大治，深得民心。在河南太守任上，他整顿吏治，考核实效，禁止奸邪，当时豪强因此畏服他。因政绩突出，魏相后被征为谏议大夫。

刘询即位后，征魏相为大司农，后为御史大夫。魏相提出了许多积极有效的建议，其中包括建议刘询下诏罢免企图篡权的霍禹、霍云、霍山三人的侯位。魏相被任命为丞相后，整顿吏治，抑制豪强，选贤任能，平昭冤狱；并要求各地官吏省诸用，宽赋税，奖励百姓开荒种田、积粮解困。从此，汉朝的实力大大增强，魏相成为汉宣帝政策的践行者，被列入千古贤相之列。魏相的军事才能也很了不起。他熟谙兵法，雄韬大略，为确立西汉在西域的统治地位立下了功劳。元康年间，匈奴不断派兵扰乱边关，由于魏相的建议，汉宣帝未动用武力而使匈奴归服。魏相为人严毅，刚正不阿，视事九年，与丙吉同心辅政，君臣交泰，人民安乐。

魏相建议的"废副封"从制度层面上帮助汉宣帝梳理朝政，"广言路"，"以防壅蔽"。按过去的规定，凡上书给皇帝的人都要把奏书写成两份，其中一份为副本，掌领尚书省事务的官员先开阅副本，如果奏书的内容不当，就搁置起来不上报皇帝。魏相当初给宣帝的奏折就是通过许广汉抽去了副本，以避免被霍氏的人阻挡下来。

这些措施对汉宣帝肃清霍氏流毒帮助很大。废副封标志着"臣强主弱"、内朝独大的政治格局被打破，外朝势力在某种程度上得以恢复。魏相于神爵三年三月丙辰日（前59年4月20日）去世，谥宪侯。

韦贤老成持重，但作为不大，被尊以"帝师"，那只是刘询的姿态。其后魏相、丙吉、黄霸、于定国四人在宣帝的支持下，政治上多有建树，其中以魏相和丙吉最为著名。班固赞曰："孝宣中兴，丙、魏有声。"黄霸、于定国也在推行"循吏"政治、决疑平法方面多有贡献。

宣帝在位期间，改变了内朝独大的格局，用外朝势力达到了一定的平衡作用，可见汉宣帝的良苦用心。不过他没想让汉初丞相一揽全局的局面再次出现，而只是想形成一种制约。他达到了目的，但是同时也埋下了祸根。后来外朝坐大，到了西汉末年，外戚势力渐大，威胁到了政权，才有了王莽的新朝出现。

第三节　石渠阁会议与谷梁学兴起

武帝前期，由于社会矛盾尚未明显激化，民族矛盾和中央与诸侯的矛盾仍是统治者所注目的主要矛盾，所以董仲舒推崇的公羊学中维护君权的一面得到凸显。而到了武帝后期，其弊政日益显露出来，随着社会矛盾的不断加剧，武、昭之际制约王权的思想开始抬头。宣帝继位之时，社会矛盾已经相当尖锐。

西汉著名的经学家、博士谏大夫王吉上疏说："今俗吏所以牧民者，非有礼义科指可世世通行者也，以意穿凿，各取一切。是以诈伪萌生，刑罚无极，质朴日消，恩爱浸薄。"（《汉书·礼乐志》）因此，"百姓苦吏急也"（《汉书·宣帝纪》）。

事实上，汉宣帝继位后，农民起义不止，地节年间，渤海、胶东等郡农民起义，"攻官寺、篡囚徒、搜市朝，劫列侯"（《汉书·赵尹韩张王传》），宣帝花了很大力气才平息下去。

在思想文化方面，反汉情绪弥漫于朝野。例如宣帝初继位后，为了颂扬武帝功德，下诏令群臣讨论建立相称的庙乐，夏侯胜表示反对，上奏曰："武帝虽有攘四夷、广土斥境之功，然多杀士众，竭民财力，奢泰亡度，天下虚耗，百姓流离，物故者半。蝗虫大起，赤地数千里，或人民相食，畜积至今未复。亡德泽于民，不宜为立庙乐。"虽然朝廷公卿责备劝告他，谓"此诏书也"，夏侯胜仍然坚持说："诏书不可用也。人臣之谊，宜直言正论，非苟阿意顺指。议已出口，虽死不悔。"结果夏侯胜以"非议诏书，毁先帝，不道"（《汉书·夏侯胜传》）的罪名下狱。又一儒生盖宽饶上书批评宣帝说："方今圣道浸废，儒术不行，以刑余为周、召，以法律为《诗》《书》。"他引经据典，以《韩氏易传》中"五帝官天下，三王家天下，家以传子，官以传贤，若四时之运，功成者去，不得其人则不居其位"做论据。显然，从昭帝的臣子眭弘到盖宽饶，以公羊家为代表的经生们的言论不能不引起汉宣帝的警觉与思考。宣帝扶植谷梁学，在于通过张扬《谷梁传》中以礼为治的思想，来矫正"汉家制度"严酷之弊。

汉宣帝是武帝曾孙、戾太子之孙，戾太子曾"诏受《公羊春秋》，又从瑕丘江公受《谷梁》"，宣帝因祖父更喜爱《谷梁传》，早有家传；现实中宣帝少年时因巫蛊事曾在民间生活过，亲身经历了社会动荡，了解民间疾苦，史称

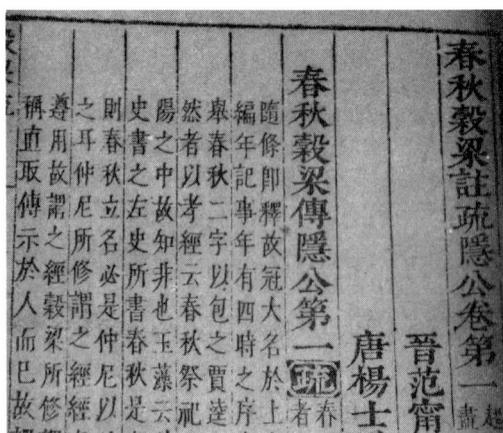

《谷梁传》遗本

"操行节俭，慈仁爱人"。因此他即位后，面对复杂的社会矛盾和紧张的宗室关系，崇尚礼制，加强宗法孝治，力图缓和社会矛盾，巩固中央政权，并为此采取了一系列措施。而强调礼治、重视宗法的《谷梁传》正好满足了宣帝的政治要求，他的施政纲领与《谷梁传》阐发的礼治精神是一致的，是《谷梁传》倡导礼治精神的具体实践。

历史上公羊学被汉武帝重视，一个最重要的原因是它针对当时诸侯王叛乱所鼓吹的大一统思想。它强调君臣纲常，而使父子兄弟伦常受到损害。正是在公羊学盛行的年代，武帝治惑事件使父子兵戎相见。而宣帝作为受害者戾太子的孙子，对此有着异常深切的体会，于是大力鼓吹礼治，通过礼教建立父子伦常的仁孝关系。公羊学强调刑名法治，因而宗法伦常被削弱，《谷梁传》受到重视，实是汉宣帝注重宗法礼治的重要手段。

在汉代，统治者用君权的力量来扶植经学，是为了建立一套上层建筑体系，使经学为统治思想服务，如果经学发展的某种倾向不能适应这种需要，统治者就要用君权的力量来进行干预。汉宣帝的平《公羊》、立《谷梁》，就是以君权干预学术的一个具体表现。石渠阁会议就是在此种政治背景下召开的。

石渠阁是公元前 200 年左右，由汉初丞相萧何主持建造的，目的是收藏刘邦军进咸阳后收集的秦朝的图籍档案。石渠阁是因建筑特点得名，在阁周围以磨制石块筑成渠，渠中导入水围绕阁四周，对于防火防盗十分有利。汉武帝以后，石渠阁由单一的档案典籍收藏机构发展为兼有学术讨论性质的场所。

汉宣帝时为了进一步统一儒家学说，加强思想统治，又于甘露三年（前 51 年）下诏萧望之、刘向、韦玄成、薛广德、施雠、梁丘临、林尊、周堪、张山拊等儒生，在长安未央宫北的石渠阁讲论"五经"异同。汉宣帝自己好像是个谷梁理论家，亲自裁定评判。石渠讲论的奏疏后来经过汇集，编成《石渠议奏》一书，又名《石渠论》，共 155 篇，已经遗失。唐杜佑的《通典》中保存有若干片段。经过这次会议，博士中《易》增立"梁丘"，《书》增立"大小夏侯"，《春秋》增立"谷梁"，成为学校的必学经典。

石渠阁会议确立了皇帝的最高经学权威地位。中国的汉隶文字的成形，就是始于汉宣帝在前51年召开的石渠阁会议之际。

《谷梁传》是"春秋五传"之一，一直是民间传阅，在汉代才有官方文献定本。《谷梁传》与《公羊传》同属今文经学，均讲《春秋》的微言大义。两汉春秋谷梁学经历了"私学—官学—私学"这一演变更替过程。

因汉武帝偏爱《公羊传》，《谷梁传》一度处于在野私学的地位，仅在学者内部传授，且习者可数，几欲失传。至汉宣帝时，在统治者的扶持下，春秋谷梁学登上官学的殿堂，并且一度繁荣，其后至东汉又一直处在私学地位。

《谷梁传》在汉代地位的升降是政治动作的结果。汉武帝的太子刘据原先跟董仲舒学《公羊传》，后来他又去学《谷梁传》，并且很喜欢《谷梁传》。汉宣帝是戾太子的孙子，他听说自己的祖父喜欢《谷梁传》，就去找学《谷梁传》的人，找到了荣广、皓星公，两人都是江公的学生。荣广口才很好，与董仲舒的学生、《公羊》大师眭孟辩论，荣广胜利了，但是还不能立《谷梁传》为博士。

于是，宣帝去找了10个极聪明的青年人（其中有刘向）学《谷梁传》，然后叫他们跟公羊家辩论。太子太傅萧望之也站在谷梁方面。公羊派参加辩论的有严彭祖、尹更始等，双方各五人，结果自然是《谷梁传》胜利，从此，《谷梁传》才立于学官。

汉宣帝对祖父喜好《谷梁传》有所闻，询问丞相韦贤、长信少府夏侯胜及侍中乐陵侯史高，三人均是鲁地人，由于地域情感，必然对《谷梁传》有所偏爱，"言谷梁子本鲁学，公羊氏乃齐学也，宜兴《谷梁》"。韦贤等人的进言，无疑对《谷梁传》得到统治者青睐起到了积极的推动作用。从时间来说，"自元康中始讲，至甘露元年（前53年），积十余岁"，准备是十分充分的；从效果来看，"皆大明习"。但宣帝后随着西汉衰亡，《谷梁传》逐渐式微，传继乏人。

第四节　改革吏制，推行循吏制度

汉宣帝恢复了几失之于外戚的刘氏天下，总结了有汉以来统治天下的经验教训，在忠实执行汉武帝"轮台诏令"所制定政策的基础上，又进行了必要的补充和改革，成为西汉历史上的中兴之主。

诛灭霍氏集团后，拔除了危乱国家的祸根，为进一步削弱权臣的势力，保证汉王朝的政令畅通，宣帝开始大力整饬吏治。

《汉书·循吏传》云："汉世良吏，于是（宣帝时）为盛，称中兴焉。"一语道出了良吏颇多是汉宣帝中兴的重要原因。这些良吏就是在汉宣帝整顿吏治过程中涌现出来的。

武帝时期，刑罚严酷，重用狱吏。他们"专为深刻，残贼而亡极，媮为一切，不顾国患"，"上下相驱，以刻为明，深者获公名，平者多后患……是以死人之血流离于市，被刑之徒比肩而立，大辟之计岁以万数"。武帝末年，狱吏尤甚。虽然武帝下诏罪己，表示要与民休息，但刑罚深刻，一时并不能解决。昭帝即位，大将军霍光掌政，上官桀与燕王阴谋叛乱被镇压。为防止大臣争权，故仍遵循武帝法度，"以刑罚痛绳群下，由是俗吏尚严酷以为能"。

宣帝即位后，一位小官路温舒上书指出，造成社会动荡不宁、人心浮动的主要原因是治狱之吏执法不公，败法乱政。刘询深有同感，下决心安定民心整顿吏治。

宣帝亲自过问政事，省去了尚书这一中间环节，恢复汉初丞相既有职位又有实权的体制。宣帝规定做丞相的人既要有学识、有胆识、能为皇帝谋划决断，还要有治国经验，而且要用政绩检验。他调整中外朝关系从而加强统治。

汉宣帝充分认识到，选好郡国守相是搞好吏治的关键。汉代郡国守相权力很大，囊括各个方面，治区内经济、政治、军事、民政、财政、司法、治安、教育、选举都在其掌握之中。郡国守相的好坏关系到一方的安宁，也关系到国家的兴衰。

郡国介于中央与县之间，郡国守相起承上启下的作用，调节着地方与中央的关系。守相工作对下涉及能否正确指导和督责县级官吏的工作；对上事关能否帮助皇帝与中央官吏了解下情，为制定政策、选拔考核官吏提供可靠依据，从而保证国家权力有效掌握在皇帝手中。

郡国守相在安定百姓、维护封建统治的长治久安方面具有不可替代的作用。在太守专郡的汉代，"县令听命，反如其臣"。县令虽然与民众的关系更为亲密一些，但其管辖地区小，影响力不大。郡县治理决定于守相。宣帝即位前后，郡国守相很少有称职的，徇私枉法比比皆是，因而培养和选拔大批"良二千石"就显得尤其重要。

正因为上述原因，汉宣帝对郡国守相的选任十分慎重和严格，先由朝中大臣举荐，皇帝择日亲自召见，策问治国安邦之术，如著名循吏龚遂被任命为渤海太守就是显著的例子。"渤海左右郡岁饥，盗贼并起，二千石不能禽制。上选能治者，丞相、御史举（龚）遂可用"，宣帝亲自召见龚遂，策问治渤海之术，确信龚遂的才干后，即刻任命他为渤海太守，让其赴任，并给予他"一切便宜行事"的权力。龚遂果然不负众望，他将那些武装反抗地主压迫的农民从"盗贼"中区别开来，在他的治理下，不到几年时间，"郡中翕然，盗贼亦皆罢"，"民安土乐业"。

汉宣帝时期建立了一套官吏的考核与奖惩制度。宣帝多次下诏对二千石（郡守级官吏）的工作提出细微具体的要求。譬如实行五日一听事制度；不定期派使者巡行郡国，对二千石官员的工作进行考察；后来还恢复汉武帝时期派刺史考察郡国守相的制度。

丞相魏相是一位贤能之士。他上书建议宣帝派遣任谏职的大夫、博士巡行天下，考察民风民俗，推举贤良之辈，平反冤案。魏相以及萧望之的上书坚定了宣帝的决心。元康四年（前62年），他派遣太中大夫李强等一行12人巡行天下。五凤四年（前54年），宣帝又派丞相、御史24人巡行天下，主要查办冤假错案。这些手拿尚方宝剑的人，有极高的职权，拿下贪官污吏，让百姓拍手称快。如司隶校尉盖宽饶、京兆尹赵广汉等虽都是高官，也因罪被处死。

龚遂、黄霸是循吏制度的代表人物。

龚遂，字少卿，生卒年不详，山阳郡南平阳县（今山东邹城）人。龚遂本是废帝刘贺手下的臣子，他对荒淫的刘贺多次提出规劝，从而成为个别没有被处死的昌邑臣之一，还得到霍光的信任。

时年渤海郡闹饥荒，盗贼泛滥，太守治理不力被免，龚遂被推荐接任太守。临行前，宣帝召见他，问他有何办法。龚遂答道，渤海郡天高皇帝远，教化不行，老百姓饥寒交迫，却得不到政府帮助，所以起来闹事。这就像自家的孩子偷了家里的宝剑到院子里耍着玩一样。你是希望我剿灭他们还是希望我让他们重新安居守业呢？宣帝说当然是希望他们安居。龚遂说治乱民就像解开一团乱麻，不能着急，必须慢慢来，希望自己能不拘法律法规之约束，一切便宜从事，怎么方便有利就怎么干。宣帝默许。

龚遂赴任之后没有起兵而是立即发布告示：只要放下兵器回家干活的就是良民，不再追究；拿着兵器才算是盗贼。同时开仓放粮，赈济饥民。聚众为盗的人都回家了，乱自然平了。

渤海郡民风不好务农。龚遂亲自带头耕种畜养，鼓励农桑，发展生产。时隔数年，民风大变，民众安心农桑，安居乐业。此后龚遂升任水衡都尉，最终逝于任上。

黄霸（前130—前51年），西汉宣帝时大臣。字次公，

191

淮阳阳夏（今河南太康）人。小时候就喜欢学习律令，一心想着仕宦，汉武帝末年补侍郎谒者，任河南太守丞。

黄霸为人聪慧，熟悉文法，性格温良并且有智谋，是做领导的料，加之治理地方措施得当，受到吏民的尊敬。武帝末年，地方官吏多严酷，而黄霸宽和，独树一帜。宣帝时黄霸任扬州刺史、颍川太守，任期"使邮亭乡官皆畜鸡豚，以赡鳏寡贫穷者。然后为条教，置父老师帅伍长，班行之于民间，劝以为善防奸之意，及务耕桑，节用殖财，种树畜养，去食谷马。米盐靡密，初若烦碎，然霸精力能推行之"，"霸以外宽内明得吏民心，户口岁增，治为天下第一"。后来升为太子太傅，再升为御史大夫。宣帝五凤三年（前55年）代丙吉为丞相，封建成侯。黄霸长于治民而不善为政，任丞相时多不称意。宣帝甘露三年（前51年）卒，谥曰定侯。

后世将他与龚遂作为"循吏"的代表，称为"龚黄"。"循，顺也，上顺公法，下顺人情也。"黄霸断案崇尚仁政，反对酷刑；对疑案坚持从轻处理；主张对犯罪实行外宽内明、教化为先，把重点放在防患于未然上。所以百姓拥护，朝廷满意，属下悦服，黄霸也因此从年俸二百石的小吏一直升到了朝廷的丞相。

循吏制度具体是这样的：每年年终，郡国计吏都要带计簿赴京。宣帝针对武帝后期以来上计不实、计簿形如虚文的情况进行严格纠正，令相关官员核查计簿，对真伪相乱者严加处罚。宣帝综核名实，信赏必罚，并且颁布诏令说："有功不赏，有罪不课，虽唐虞犹不能化天下。"因政绩突出而受到奖励的官员很多，如杜延年、黄霸、朱邑、召信臣等人。或以玺书勉励，增秩赐金；或爵关内侯，升任九卿或三公。对那些不称职或有罪的官吏，宣帝则毫不手软，严惩不贷。大司农田延年在尊立宣帝时作用非凡，"以决疑定策"被宣帝封为阳城侯，但因修建昭帝墓圹时趁雇佣牛车运沙之机贪污账款三千万而被告发。有大臣为他说情，认为"春秋之义，以功覆过"，但宣帝没有同意，派使者"召延年诣廷尉"受审，拟以重罚，致使田延年畏罪自杀。

由于目标明确，措施具体，宣帝整顿吏治取得了明显的效果：

通过培养大批良吏，加强了中央对地方的统治。整个西汉时代的良吏，以汉宣帝时为最多。他们的共同特点是执法公平，恩威并施，为政宽简。其治理往往"合人心"，"所居民富，所去见（被）思"，得到民众的好评。循吏是地主阶级中出现的一批有远见、懂政策的官吏。

　　奖励机制促进了官吏素质的提高。宣帝时有不少官吏刚做官时文化素养并不高，由于皇帝的提倡和仕途的需要，往往在政务之余，拜师或自学儒学。如丙吉出身小吏，后学《诗》《礼》，皆通大义；黄霸为吏后，在狱中跟从夏侯胜学《尚书》；于定国为廷尉后，迎师学《春秋》；王尊初为狱小吏，后以郡文学官为师，习《尚书》《论语》；等等。宣帝时历任丞相，无论学识、能力、治绩都大大优于武帝、昭帝时期。他们积极参与国家大政方针的研究与决策，举荐、考核官吏，协助皇帝处理军国大事，从而彻底改变了武昭时期丞相无所作为的局面。还有许多官吏，或由低级郡吏察廉晋升而来，或因明经而被提拔。

　　整顿吏治促进了社会经济的发展，成就了中兴大业。整顿后的郡国守相多由良吏担任。他们结合实际，因地制宜，积极推行休养生息政策，使得社会经济迅速恢复和发展。

譬如仅胶东一地流民归还就达8万余人，从而使土地广辟、户口增加。一些地区大力进行水利建设，譬如南阳地区在郡守召信臣的带领下，开通灌渠，灌田多至3万顷。全国粮食产量迅速增加。宣帝时期"岁数丰穰，谷至石五钱"，连边远的金城、湟中僻壤之地，每石也不过八钱。一时官民皆富，人享其乐。

手工业有较大发展。以纺织业为例，长安的官营作坊东、西织室每年费用就达五百万，这既说明皇室的奢侈，亦可见官营作坊规模之大。民间的纺织业规模也相当可观，大臣张安世家"夫人自纺绩，家童七百人，皆有手技作事"。纺织技术明显提高，当时已使用120镊的织机。巨鹿陈宝光的妻子就是用这种织机织出非常精美的散花绫，"六十日成一匹，匹值万钱"。

一时庶民安于田里，再无叹息仇恨之心，国强民富的局面初步形成。

班固对此做了精辟的概括："孝宣之治，信赏必罚，综核名实，政事、文学、法理之士咸精其能，至于技巧、工匠、器械，自元、成间鲜能及之，亦足以知吏称其职，民安其业也……信威北夷，单于慕义，稽首称藩……功光祖宗，业垂后嗣，可谓中兴。"充分肯定了吏治整顿对中兴大业形成的重要作用。

当然，宣帝时的吏治仍有不少弊端，执法不公、草菅人命、敲诈勒索、弄虚作假、敷衍塞责等现象仍屡见不鲜，有些官吏虽无大过也不称其职。就连宣帝本人在执行中也带有较大的感情色彩，出现了冤案、错案，以及后期逐渐重用宦官等。尽管如此，从整体上看，宣帝整顿吏治是成功的，是应予肯定的，不少措施在今天依然可以借鉴。

许多官吏出自儒家，因此儒学地位有了提高。继昭帝召开盐铁会议之后，宣帝又于甘露三年（前51年）在石渠阁召开了盛大的儒家经学会议，讲论"五经"同异问题。自汉武帝独尊儒术以后，儒家经书就有至高无上的权威，具有法典的性质。但是，学术界、思想界对儒家经书的理解存在分歧，因此有必要召开这次大讨论。萧望之等大臣参加评论，汉宣帝亲临会场，随时对争论问题做出裁决。

经过这次讨论之后，原属民间的学派如梁丘《易》、大小夏侯《尚书》和谷梁《春秋》也进入官学。这种现象只有在宽松的政治条件下才有可能出现，而且为进一步加强思想的统一迈出了重要的一步。

第五节　尚德缓刑

汉宣帝即位不久，一位管司法的小官（廷尉史）路温舒给汉宣帝上了一道名为《尚德缓刑书》的奏疏。在奏疏里，他引古证今，歌颂德政，抨击狱吏的罪恶，望汉宣帝崇尚仁义，减少刑罚。其中有这样几句："狱吏滥用酷刑，犯人受不了拷打，乱编口供；而审问之人不但全信假口供，还进行诱供，上报时想出种种办法使上级相信罪名成立。这样一来，即使像咎繇那样公正的人听了，也会认为判处死刑还抵偿不了他的罪恶。望陛下广开言路，推行德政，减少刑罚，这样才能使国家兴盛、天下太平。"汉宣帝看了路温舒的奏疏称赞不已，不久就提升了他。路温舒从小喜研法律，学习刻苦，掌握了丰富的刑律知识，熟悉当时各项律令。他曾当过看守和狱吏，深知监狱的黑暗。

《汉书》载路温舒上书言宜尚德缓刑，辞曰：

"臣闻齐有无知之祸，而桓公以兴；晋有骊姬之难，而文公用伯。近世赵王不终，诸吕作乱，而孝文为太宗。由是观之，祸乱之作，将以开圣人也。故桓、文扶微兴坏，尊文、武之业，泽加百姓，功润诸侯，虽不及三王，天下归仁焉。文帝永思至德，以承天心，崇仁义，省刑罚，通关梁，一远近，敬贤如大宾，爱民如赤子，内恕情之所安而施之于海内，是以囹圄空虚，天下太平。夫继变化之后，必有异旧之恩，此贤圣所以昭天命也。

"往者，昭帝即世而无嗣，大臣忧戚，焦心合谋，皆以昌邑尊亲，援而立之。然天不授命，淫乱其心，遂以自亡。深察祸变之故，

汉代铜壶

198

乃皇天之所以开至圣也。故大将军受命武帝，股肱汉国，披肝胆，决大计，黜亡义，立有德，辅天而行，然后宗庙以安，天下咸宁。臣闻《春秋》正即位，大一统而慎始也。陛下初登至尊，与天合符，宜改前世之失，正始受命之统，涤烦文，除民疾，存亡继绝，以应天意。

"臣闻秦有十失，其一尚存，治狱之吏是也。秦之时，羞文学，好武勇，贱仁义之士，贵治狱之吏，正言者谓之诽谤，遏过者谓之妖言，故盛服先王不用于世，忠良切言皆郁于胸，誉谀之声日满于耳，虚美熏心，实祸蔽塞，此乃秦之所以亡天下也。方今天下，赖陛下恩厚，亡金革之危、饥寒之患，父子夫妻戮力安家，然太平未洽者，狱乱之也。夫狱者，天下之大命也，死者不可复生，绝者不可复属。《书》曰：'与其杀不辜，宁失不经。'今治狱吏则不然，上下相驱，以刻为明，深者获公名，平者多后患。故治狱之吏，皆欲人死，非憎人也，自安之道在人之死。是以死人之血流离于市，被刑之徒比肩而立，大辟之计岁以万数。此仁圣之所以伤也。太平之未洽，凡以此也。夫人情安则乐生，痛则思死，棰楚之下，何求而不得？故囚人不胜痛，则饰词以视之，吏治者利其然，则指道以明之，上奏畏却，则锻练而周内之；盖奏当之成，虽咎繇听之，犹以为死有余辜。何则？成练者众，文致之罪明也。是以狱吏专为深刻，残贼而亡极，媮为一切，不顾国患，此世之大贼也。故俗语曰：'画地为狱议不入；刻木为吏期不对。'此皆疾吏之风，悲痛之辞也。故天下之患，莫深于狱；败法乱正，离亲塞道，莫甚乎治狱之吏，此所谓一尚存者也。

"臣闻乌鸢之卵不毁，而后凤凰集；诽谤之罪不诛，而后良言进。故古人有言：'山薮臧疾，川泽纳污，瑾瑜匿恶，国君含诟。'唯陛下除诽谤以招切言，开天下之口，广箴谏之路，扫亡秦之失，尊文武之德，省法制，宽刑罚，以废治狱，则太平之风可兴于世，永履和乐，与天亡极，天下幸甚。"

路温舒指出造成冤狱的原因是屈打成招的口供：

"人之常情，安乐时愿意活下去，痛苦时则求早死。苦刑拷打之下，要什么口供就会有什么口供。囚犯不能忍受酷刑的痛苦，只好照着问案人员的暗示，捏造自己的罪状。问案人员利用这种心理，故意把囚犯的口供引导到犯罪的陷阱。罪状既定，唯恐还有可挑剔之处，就用种种方法修改增删口供，使它天衣无缝，每字每句都恰恰嵌入法律条文之中。文书写成后即令上帝看到，也会觉得这个囚犯死有余辜，因为陷害他的都是法律专家，显示出的罪状太明显了。"

汉宣帝肯定了路温舒的建议，并马上付诸行动。宣帝和朝臣共议政策，还真想出了几个不错的办法：

首先，派廷尉史参与各郡司法事务，另增设廷尉平四名，俸禄为六百石，专助廷尉判断决疑，达到平冤狱的目的，把治狱的好坏作为考核官吏的一项重要内容。

其次，恢复文景时期"平狱缓刑"政策。宣帝有时亲自参与案子的审理。据统计，汉宣帝每年平缓死囚达千余人，只诛杀 1 人、断足 3 人以警告。而决狱平缓的好狱吏也会得到提拔或者重用。

再次，下诏减赦了"首匿法"。"首匿法"本指在打击逃亡犯本人的同时，还要惩罚逃亡犯的藏匿者。宣帝认为，子女藏匿父母、妻子藏匿丈夫等是天意人情，皆无须连坐。天理、国法、人情在汉朝就有了体现。《尚德缓刑书》除了对狱政黑暗、用刑严酷的现象以及造成冤狱的原因进行痛斥之外，还对刑讯逼供等进行了深入的剖析揭示。路温舒尖锐地指出刑讯迫使罪犯编造假供，给狱吏枉法定罪大开方便之门。

汉武帝崇尚严苛的刑罚，重用张汤、江充等酷吏，这样的法律制度即使经过了汉昭帝一朝都没有完全改变，百姓的生活依旧非常困苦。路温舒知道单靠自己是改变不了什么的，于是就上书汉宣帝希望由上而下改变这种现象，而汉宣帝也很给面子地下了一道诏书，采取了一些措施。但是当时的情况已经比较严峻，不是汉宣帝一道诏书、几个动作就能改变的。其根本原因是治理国家本以"霸王道杂之"，法太严酷怕民有怨言，不重又不足以震慑。何况汉宣帝深谙其理，一方面加以体恤，一方面不想太放开，所以其实这篇文章没有起到根本的作用。但是即使如此，路温舒奏疏中流露出来的爱国忧民的情怀依旧值得我们肯定，这篇文书引起了千百年来劳苦大众的共鸣，也一定程度上缓解了社会矛盾，司法严酷的现实还是有所改善的。

第六节　整顿工商，轻徭薄赋

　　昭宣时期，以《轮台罪己诏》为基本依据，昭帝、霍光和宣帝认真总结了武帝时期推行经济政策的经验教训，大刀阔斧地进行调整，采取与民休息的政策，收到了显著的效果。

　　武帝时期工商业官营政策暴露出诸多弊端，昭帝时期就引起了较大非议。在始元六年（前81年）召开的盐铁会议上，众臣对这些政策进行了激烈的批评，最后有了"罢郡国榷沽"的结果，但其他各项仍未罢除。宣帝亲政后继续整顿，于地节四年（前66年）九月下诏："吏或营私烦扰，不顾厥咎，朕甚闵（悯）之。盐，民之食，而贾咸贵，众庶重困，其减天下盐贾。"经过整顿，这些政策的一些弊端如官吏徇私枉法、贪污腐败等问题，在一定程度上得到了有效抑制，有利于百姓休养生息。

　　汉宣帝继续奉行昭帝时期的轻徭薄赋方针，又借鉴了文景时期的制度，对遭受自然灾害的地区抚恤尤多。本始元年（前73年），宣帝即位不久即免除当年租税；后又对遭受旱灾、地震的地区免除三年的租赋。地节三年（前67年），他下令降低过高的盐价。五凤三年（前55年），诏令减天下口钱。甘露二年（前52年），令减收算赋钱，一算减30钱。甘露三年（前51年），又诏令免除当年田租。这些政策减轻了农民负担，缓和了社会矛盾。

在徭役方面，尽力减免或减省。宣帝时，漕运所消耗的人力多，仅从关东向京师运谷400万斛，每年就征用6万人的劳力。大臣都积极献策，大司农中丞耿寿昌建议在三辅、弘农、河东、上党、太原等郡买粮，供给京师就不用发愁了，还可以减省关东多一半的漕卒。宣帝采纳了他的建议，果然漕运力役大省，老百姓欢呼雀跃。

为了减轻农民转漕和徭役不息之苦，调动他们生产生活的积极性，宣帝还在西北地区进行大规模屯田。地节、元康年间（前69—前61年），赵充国击破先零羌，不再用骑兵，留步兵就地屯田，解决了因击羌"吏士马牛食，月用粮谷十九万九千六百三十斛"的问题。

武帝以及之后"百姓流离"的状况一直未见明显好

汉代虎符

转，导致社会秩序不稳定。汉武帝晚年所表示的忏悔，就是这些严重情况的潜在力量冲击带来的结果。继承大统的昭、宣两朝皇帝也诚惶诚恐，倍感心忧，积极寻求各种解决的途径和办法。

昭帝时多次对贫民实行赈济，积极安抚，并且派官员采取各种办法救济，或借给粮食和粮种，或在收获季节免去粮租，甚至在元凤三年（前78年），又将荥阳的中牟苑、御宿苑等分给贫民耕种。

宣帝时对流民的抚恤措施更见成效。他诏令：凡回归原籍的流民，由政府分给公田耕种，借给粮食及粮种，免除算赋和徭役等。这是自武帝以来，抚恤流民条件最优惠、措施最具体的一项诏令。流民往往是闹事的最直接因素，安抚他们也一定程度上消除了社会不稳定因素。

刘询即位后，为制止土地兼并，针对"富者田连阡陌，贫者亡（无）立锥之地"的现象，先后三次诏令把当地豪强"訾百万者"徙往平陵、杜陵以及其他陵邑，而后将这些豪强的土地或充公或配给无地、少地的贫苦乡民；还把国家原来禁止耕种的苑囿或郡国的公田借给少地或无地的贫民耕种，譬如把上林苑的御宿苑、乐游苑部分农田租给真正种地的农民经营，使他们在土地上获得自由，重新变为国家的编户。

后来的理财家、时任大司农中丞的耿寿昌提出"令边郡皆筑仓，谷贱时增其价而籴，以利农；谷贵时减价而粜，名曰常平仓"的建议，西汉宣帝五凤元年（前57年）建立常平仓，对解决"谷贱伤农"和"谷贵伤民"问题起了积极作用。西汉的常平仓制度为后世各封建王朝所袭用，足见这一制度生命力的强大。在刘询的大力倡导下，各级官吏都将劝课农桑、发展生产作为首要政务。刘询还派农业专家蔡葵为劝农使，巡视指导各地农业生产。在刘询统治后期，国内经济繁荣，农业连年丰收，谷价创造了汉以来的最低价。

汉宣帝来自民间，深知民间疾苦，所以一系列薄赋轻徭的惠农政策和他的经历、发自内心的仁爱都有关系。他没有像刘贺那样一当上皇帝就大肆分封、花天酒地，而是采取一系列惠民政策，延续了汉昭帝的与民休息政策，不光将土地分给没有土地的人，发给其粮食和种子，还免去租赋。从根本上解决问题，这就是他的仁慈和高明之处，所以也得到了"仁者爱人，人恒爱之"的结果。

第七节　宣帝的猜忌和苛察心理

汉宣帝从小生活在民间底层，少年游历让他更多地懂得了劳动人民的艰辛以及生活的不易，和社会上的三教九流打交道让他更多地经受了冷落和白眼甚至屈辱。然而他在身份地位改变之后，没有报复过某某曾经对他的侮辱，而更多的是感恩曾经有恩于他的人。

当然，他过早地知晓了人事练达、洞悉了老谋深算，更多的是韬光养晦。

刚刚当皇帝时，他才 18 岁。在立皇后一事上，他对霍光想立自己的女儿一言不发，而是故意下诏寻找一把故剑，让臣子们揣度他的意思，一方面不忤逆霍光和其他大臣，另一方面表达了他的不卑不亢。他成功了，如愿地让他的糟糠之妻成为皇后。霍光虽然不满，但也只是隐忍不发，一则认为他是小孩子任性而已，二则不愿再出差错，刚刚废了刘贺，他不愿再背上骂名。

和霍光同辇出行，刘询如芒刺在背，作为一个皇帝，不是怒形于色，而是隐忍不发甚至还要赔着笑脸，这对一个20岁左右的青年人来说多么不容易，何况是万人之上的皇帝。

在霍光的老婆霍显和御医淳于衍合谋害死许平君之后，他含泪埋葬了自己心爱的女人——这位刚刚给他生下儿子的皇后。许皇后遇害后，被安葬在鸿固原。许皇后陵墓位于杜陵东南的大兆乡司马村。墓陵封土占地近30亩，外形呈三层台，据说象征"昆仑"，是人死后要去的极乐世界的最高处，由此可见宣帝对许皇后的感情。虽然许平君去了，千年来一座少陵原却因她而风华万代。

汉宣帝擦干眼泪，依然笑面相迎。为了报答岳父许广汉对他的知遇之恩，想封其为侯，却遭到了霍光的反对和阻挠，他虽然不快也只好作罢。

霍显还想害他的儿子，他让忠厚老实的王婕妤作为孩子的乳娘，寸步不离，霍显只好却步。他心中只有一个念头：保全骨血，这是许平君唯一的寄托。

刘询在霍光的淫威下做了 6 年有名无实的傀儡皇帝，他一直在暗中积蓄力量，不露声色。地节二年（前 68 年），揽政 20 多年的霍光去世了，亲政的刘询终于开始实现自己的执政理想，同时复仇计划也在酝酿中。他制订了周密的计划，一步一步地解除霍氏的权位，不动声色地将朝中的霍氏余党逐一铲除，慢慢收回了兵权。6 年，不易的 6 年，6 年不让老谋深算的霍光觉察到他的动机，这需要多大的智慧和勇气。然而 6 年的隐忍也让汉宣帝变得猜忌心很重，对群臣也比较苛刻，尤其对刘贺忌讳莫深。汉宣帝对这位废帝十分"关照"，派人时刻监视他的言行。

山阳太守名叫张敞，是个非常实在和忠诚的人，他时刻将刘贺的起居状态向汉宣帝汇报着："臣敞地节三年（前 67 年）五月任职山阳（今山东巨野），故昌邑王住在从前的宫中，在里面的奴婢一百八十三人，关闭大门，开小门，只有一个廉洁的差役领取钱物到街上采买，每天早上送一趟食物进去，此外不得出入。一名督盗另管巡查，注意往来行人。用故王府的钱雇人为兵，防备盗贼以保宫中安全……"

汉宣帝继位都 10 年了，还不放心，像防贼一样防着刘贺。张敞屡次派人前去察看，发现故昌邑王的言语、举动都近似呆傻。汉宣帝因此也放心了，"知贺不足忌"。即使如此，还是于次年将刘贺迁至更远的南昌，封他为海昏侯，后又借故削掉刘贺三千户食邑。刘贺死后封国被除，儿子并没有即位。其实刘贺对宣帝并不能形成大的威胁，唯一的威胁就是别的王侯可能胁迫刘贺谋反，而这几率很小。之所以如此，猜忌心理作怪也。

汉宣帝对张安世的心理也很奇怪。起初为了对付霍光，宣帝暗地里对张安世很好，甚至就当初张贺想将女儿嫁给自己而遭到弟弟张安世的反对之事对他予以安慰，说：当初掖庭令对我好，有意将女儿嫁我，将军您制止得对。其实心底不无怨恨。赵充国的儿子不小心泄露宣帝对他父亲说想杀了张安世，因此遭到告发，最后"以泄省中语"而自杀。

大臣盖宽饶、杨恽"好言事刺讥，奸犯上意"而被诛，他们是"文法吏"，说说用法也还是可以的，但是触犯了汉宣帝的心理底线，显露了汉宣帝"以刑名绳下"的本质。

　　据《汉书》本传和《资治通鉴》卷二十六记载，盖宽饶字次公，魏郡人，约生于西汉武帝时期，为汉宣帝时太中大夫，由于奉使很称皇帝的意，升为司隶校尉，专门负责对京城的监察，上至皇后太子下至公卿百官，都可以监督，不徇私情，世人称"虎臣"。宽饶刚直奉公，朝堂上正襟危坐，公卿贵戚惧恨又忌讳。因一次上书言事，宣帝听信谗言不纳取，神爵二年（前60年）九月被诛，令许多人怜惜。可以说盖宽饶是个忠臣，但是太固执迂腐了。

　　杨恽因谏言升了官，后来也因此而被杀，人生如戏。杨恽目睹朝廷之中贪赃枉法成风。他和外祖父司马迁一样，出淤泥而不染，铁骨铮铮，一身正气，敢于冒死直谏。他因告发与父亲杨敞有深交的朝廷元老重臣霍光的儿子谋反之事升了官，获取了封侯的赏赐，后来封平通侯。他出身名门，满门官宦，家中担任公卿、两千石以上者就有10

人。杨恽任职廉洁、公正，整顿吏治，杜绝行贿，得罪了太仆戴长乐，两人失和，被戴长乐检举："以主上为戏（拿皇帝开玩笑），语近悖逆。"汉宣帝把杨恽下狱，但考虑到他的功劳予以释放，免为庶人。其后，杨恽居家治产，收获颇丰，很以财自慰，沾沾自喜而戏论朝事。安定郡太守孙会宗是杨恽的老朋友，他写信给杨恽，劝其闭门思过，不应宾客满堂，饮酒作乐。杨恽给孙会宗写了回信，这就是著名的《报孙会宗书》，信中写了对皇帝的怨恨以及对孙会宗的挖苦，并为自己狂放不羁的行为辩解。此信写得锋芒毕露，有其外祖父司马迁《报任安书》桀骜不驯的风格。后逢日食，他妄自议论，有人上书告发他而再次被捕入狱。廷尉在他家中搜出《报孙会宗书》，汉宣帝看后大怒，以大逆不道罪腰斩杨恽于市。

韩延寿儒士出身，被霍光发现提携。他崇尚礼义，爱好古人古事，在当官之地遵行教化，每到一处，礼贤下士，表彰孝悌。韩延寿还修建地方公立学校，同时治理地方法令严明，为老百姓称颂。他有一件事跟另一位名臣萧望之有关。萧升任御史大夫，韩延寿接替了他遗下的左冯翊太守之职。没想到，萧望之任御史大夫之后，手下查出韩延寿在东郡时擅自花掉了官款一千万有余。韩延寿马上说萧望之在左冯翊任上也花掉了官款几百万，并下令把几位萧望之时代的旧吏下狱拷打治罪。萧望之弹劾他的奏章未到朝廷，他弹劾萧望之的奏章已经到了皇帝那儿，并借京师官员之便，派人先把萧望之看了起来。但是汉宣帝是何等人，他并不偏信，另派人调查，结果萧望之的事子虚乌有，韩延寿的事则是真的，韩延寿居然将巨款用在了扩军上。他征召甲士骑士，广置马匹，而且大肆添置车马上的饰物，招了大批的鼓吹、歌者，还摆排场校阅军队、抖威风。花了很多官银，弄得军旗猎猎、鼓角声声，刀枪铠甲鲜明，还有下属唱歌贺之。

汉朝制度是郡太守亲自掌兵，但军队数量是一定的，不得擅自添加。动用公款征召军队有谋反的嫌疑。韩延寿这个人估计应该没有反意，他花钱装饰军队，无非是想满足自己的虚荣心，但这样一来，又有了僭越之嫌。僭越和谋反都是死罪，怪不得汉宣帝了。

行刑的路上，沿路给他送酒喝的老百姓络绎不绝，虽然这样，也改变不了被斩弃尸于市。韩延寿是个好官，但是恃才放旷、目无王法，虽说汉宣帝太严格，但终归也是他咎由自取。

赵广汉也是一例。《汉书》说："广汉为人强力，天性慧于孝职。"赵广汉任京兆尹期间，为官廉洁清明，对豪强不手软，深得百姓赞颂，《资治通鉴》曰"京兆政清，吏民称之不容口"。后因与魏相不和，查魏相反被对方查到把柄，汉宣帝也不喜欢老百姓对他的褒扬，好像京兆成了赵广汉的天下，于是被腰斩。老百姓只知道他是个廉洁清明的好官，所以夹道为他送行。

以上种种可见汉宣帝是一个苛察的君主。纵观汉朝的皇帝，用人首推高祖，次则文、景，武帝也算知人善用；到了宣帝，虽"明察"而性"讥苛"，不容"高才之士"，不能不说与他在游历杜、鄠期间受到冷眼和讥讽造成的人格缺陷有关。

汉宣帝继位伊始，善于纳谏，凡是谏言大臣，基本都受到了封赐，当然其中许多人都是谏霍光的，正合他的意，所以他纳了谏，也给这些人升了官。这些人当官后，由于站队不对，或者谏言谏到皇帝身上，犯了忌讳，就怪不得宣帝了。不过正因用了这些从底层出来还能为民着想的官，最终老百姓交口称赞的清明盛世就落到宣帝的头上了，他也不断诫勉自己，因而不失为一个好皇帝。

第五章

—

汉宣帝时期的

对外关系

汉宣帝时，汉朝对周边少数民族采取的措施是软硬兼施。汉宣帝派兵击灭西羌，袭破车师，进一步加强汉朝对西域的影响。与此同时，随着汉朝国力的增强，匈奴力量一再削弱，汉匈关系发生了历史性的变化。宣帝神爵二年（前 60 年），匈奴发生内乱，呼韩邪单于于甘露三年（前 51 年）亲至五原塞上请求入朝称臣，愿意成为汉朝的藩属，宣帝得以完成武帝倾全国之力而未竟的功业。

第一节　礼降匈奴

自吹响反击匈奴的第一声号角（前 133 年），大汉历经系列会战，终至漠北之战（前 119 年）一洗 81 年屈辱和创伤，从此奠定汉强匈弱的大格局。但匈奴并未臣服，相反经过十几年的休养恢复后，声势复振，与汉争斗竟败少胜多。

汉宣帝深切了解西域在汉与匈奴之间的重要作用，于是继续开拓西域成了他的首要目标。首先，他推行汉武帝时期在西域的屯田策略，即招募士兵前往边塞耕地、生活。屯田的士兵不仅可以帮助解决军队的粮食补给问题，还可以成为一支稳定西域、防御边戍的重要力量。地节二年（前68年），宣帝派遣侍郎郑吉等屯田渠犁、准备粮食，以出兵打击与匈奴相好的车师国（位于现新疆吐鲁番一带）。第二年，郑吉攻破车师国，大获全胜。他因功升为卫司马，兼任"护鄯善以西南道使者"，也就是西域都护的前身。

神爵二年（前60年），匈奴虚闾权渠单于去世，呼韩邪单于即位。呼韩邪就是历史上那个娶了王昭君的家伙，史书上说他促进了匈汉关系。其实这是个"暴虐，好杀伐"的家伙，为了争夺地盘，和弟兄们互相讨伐，内战不休。由于几个兄弟实力均衡，形成了五个单于共治的混乱局面。

五凤二年（前56年），呼韩邪单于派遣他的弟弟右谷蠡王等西袭屠耆单于，杀掠一万多人。屠耆单于带领六万骑报仇，东击呼韩邪单于，行军千里，和呼韩邪约四万兵众接战。屠耆单于兵败自杀。都隆奇与屠耆少子右谷蠡王姑瞀楼头看到形势不对归奔汉朝。呼韩邪部下乌厉温敦与乌厉屈父子也率领几万人南降于汉，受封为义阳侯与新城侯。这时，呼韩邪收纳了前来归顺的车犁单于，又捕斩了乌藉单于，建都单于庭，兵力增强，有数万人。屠耆单于从弟休旬王带了一部分兵力，在西边自立为闰振单于。呼韩邪单于之兄左贤王呼屠吾斯也自立为郅支骨都侯单于，居东边。过了两年，郅支单于与闰振单于厮杀，杀了闰振，又击败呼韩邪，都于单于庭。

汉宣帝五凤三年（前55年）的诏书中曾提道："（匈奴）诸王并自立，分为五单于，更相攻击，死者以万数，畜产大耗什八九，人民饥饿，相燔烧以求食，因大乖乱。"概述了当时匈奴的内乱、耗损与危机。匈奴在短暂的统一后，没多久又出现了三足鼎立的局面。郅支单于和呼韩邪单于形成了南北对立局势，呼韩邪实力较弱。

呼韩邪的属下左伊秩訾王劝他附汉，向汉求助，以定匈奴。于是呼韩邪率部众接近汉边疆，于甘露元年（前53年）求助于汉王朝，并派他的儿子右贤王入汉羁留表达恭敬之心，同年冬又派他的弟弟左贤王朝汉，带来次年春三月他将亲自朝汉的消息。消息传到汉廷，宣帝和群臣高度重视，历来以"天之骄子"自居的匈奴人终于低下了高傲的头颅，这预示着汉匈关系将发生重大转变。漠北还在郅支单于统领下，利用呼韩邪打败郅支，扶持一支亲汉势力，这是大好事。汉宣帝让朝臣认真商议朝见的礼仪，综合考虑之后，汉宣帝认为自己之德未能覆盖到匈奴，最后采纳了萧望之的意见，决定以"客礼待之，位在诸侯王之上"。同时派车骑都尉韩昌前往五原塞迎接呼韩邪单于。

甘露三年（前51年）呼韩邪亲自前往长安朝见汉宣帝，他是第一个到中原来朝见的匈奴主。汉宣帝综合评估了呼韩邪的势力，加之呼韩邪有归顺之意，显示了大汉实力，何乐而不为。

这年正月，呼韩邪单于来朝，汉宣帝亲自到长安郊外甘泉宫（今陕西淳化西北）接见了呼韩邪。

呼韩邪朝拜时只称藩臣而不报名，这是汉宣帝为了尊重他特别制定的礼仪。宣帝赏赐他玺绶、冠带、衣裳、安车、驷马、黄金、锦绣等等，并派专员去为单于做向导至长安。宣帝登长平阪，传诏呼韩邪单于免予拜见。呼韩邪单于所经之路两旁人山人海，"蛮夷君长、王侯"以及各类人等数万人夹道欢迎。宣帝登上渭桥后，数万人齐喊"万岁"，声震屋瓦。此后，宣帝在建章宫为呼韩邪单于举行欢迎宴会，规模宏大，宴席丰盛，并让他观赏宫廷所藏珍宝。

整个礼仪表明，汉宣帝以"礼"实现了天下归于一的理念。此后历代王朝的朝觐礼仪几乎都是汉宣帝与呼韩邪单于这次会见礼仪的翻版。

其实在呼韩邪和汉朝"眉来眼去"的时候，郅支单于也派使者来秘密商谈，并遣他的儿子入汉。汉朝对他们一视同仁。然而郅支单于此时实力较强，归汉愿望不迫切。由于在漠北中间有呼韩邪的漠南阻扰，再加上呼韩邪亲自朝觐，汉朝终于下定决心支持呼韩邪，于是调拨北边诸郡粮食34000多斛。呼韩邪不仅得到了实惠，还从气势上给了其他部族以震动，乌孙等国态度随之发生转变，也纷纷尊汉并来朝见。

汉朝开始疏远郅支单于的使者，呼韩邪也更加依赖汉朝，重视同汉朝的关系。黄龙元年（前49年）呼韩邪单于再次朝见宣帝，受到了和前次一样的礼遇。同年十二月汉宣帝去世，元帝即位。初元元年（前48年）呼韩邪上书称民众饥荒请求援助，其实是在试探汉元帝对他的态度。元帝立即又给了谷物两万斛，以示一如既往地支持他。

而此时郅支单于见呼韩邪势力渐大，恨汉朝不帮助他而支持呼韩邪，遂困辱汉使，还派使者到汉朝以朝贡为名要求遣还其子。元帝和众大臣为了保持安宁，于初元四年（前45年）派大臣安全送还了他的侍子。郅支单于没有了后顾之忧，干脆杀了汉朝的大臣及使者，公然与汉廷为敌。但是呼韩邪实力越来越强，步步紧逼，郅支单于也感到后怕，怕汉朝报复他，于是迁到了位置更靠西北的哈萨克一带。自此内患已消，于是呼韩邪占据漠北，匈奴得以统一。

呼韩邪来到汉朝后，为这里的物产丰美而震惊，令他更为震惊的是这里的美女貌如天仙，皇帝身边的侍女也都个个像仙子一样。竟宁元年（前33年）正月韩呼邪第三次朝汉，在他的要求下，大汉便以宫女王嫱（昭君）为公主嫁给了他，号为宁胡阏氏。美丽、年轻、充满幻想的王昭君为呼韩邪单于生下一子，取名伊屠智伢师，封为右日逐王。婚后的第三年即建始二年（前 31 年），呼韩邪单于逝世。

游牧民族继婚制习俗由来已久，昭君按习俗应嫁呼韩邪单于长子复株累单于。昭君向汉廷上书求归，汉成帝敕令"从胡俗"，于是昭君不得不复嫁呼韩邪单于长子复株累单于雕陶莫皋。她被迫和名义上的儿子共同生活 11 年之久，生下两个女儿，后来分别嫁给匈奴贵族。然而不幸的是，复株累单于又先于王昭君去世。

但昭君的悲剧并未到此为止，她又被命嫁给新单于——复株累的长子，也就是呼韩邪的孙子。

我们现在只知道她有绝世容貌，被誉为"四大美女"之一，而不知她把她的青春年华都给了匈奴人。汉与匈奴 40 余年无战事，我们得感谢这个叫王嫱的女人。我们应该记住王昭君为汉匈的安宁做出的贡献。

宣帝的对外政策和汉武帝时期相比有了很大不同。匈奴跟华夏冲突由来已久，周文王就是被犬戎欺负到彬县再到岐山最后到了沣河。由于犬戎入侵，平王不得不东迁。

战国时秦国、赵国、燕国为防止匈奴入侵修筑长城，赵武灵王因为匈奴军队强悍的战力而要"胡服骑射"，向匈奴学习。秦始皇统一中国时安排蒙恬率精锐部队镇守北边，没有让蒙恬参与征伐六国。汉高祖刘邦被匈奴困在一个叫白登的地方，吕后托人给单于老婆送金银珠宝吹枕边风，匈奴才放了刘邦一马。刘邦死后匈奴单于调戏吕后说："你也是单身，我也是单身，不如你嫁过来。"这是何等嚣张狂妄的口气，吕后和汉朝的文武大臣却忍了下来。汉文帝（刘彻的爷爷）和汉景帝（刘彻的父亲）时期也只能送宗室公主过去和亲，到刘彻这儿已经是忍了 60 年的屈辱，对匈奴可谓有深仇大恨。

匈奴之患，像悬在头顶上的剑一样，说不准什么时候就给你来个烧杀抢掠，这让汉朝的君臣寝食难安。最好的防御就是进攻，为免将来自己势弱被匈奴欺负，不如趁自己兵强马壮将匈奴击垮。

刘据性格比较温和仁厚，常常劝谏父亲不要连年征伐。汉武帝说："我如果不为汉家订立制度，后代将没有东西可

226

以侪鉴。这些武力上的事情我帮你做了，你就可以做一个太平天子。"可见，为子孙后代计，刘彻也必须打击匈奴。刘彻让自己背着穷兵黩武的恶名，而为后世打下一个太平盛世，是一位真英雄。

打仗需要本钱，本钱就是钱粮。汉初采取无为而治的方针，与民休息，经过"文景之治"，粮食堆满仓库，钱币放在国库里都生锈了。

汉武帝又派人到西域引进汗血宝马，因为打匈奴需要有骑兵，而组建骑兵需要有马而且必须是好马。他还鼓励民间养马，因而蓄积马匹无数。打仗需要有将领，卫青是他的宠妃（后来成为皇后）卫子夫的弟弟，霍去病是卫子夫的外甥；卫青有勇有谋，霍去病力大无穷。还有飞将军李广等人都是良将勇士。

这一切都是巧合，兵强马壮、国家富有加上出了个有英雄气质的皇帝，钱、粮、马、将、统帅诸条件都已具备，此时不出征，更待何时？卫青、霍去病等将领多年征战，极大地打击了匈奴，威震西域。西域各国仰慕汉朝的威仪和文明，纷纷同汉朝做生意，建立了一条"丝绸之路"，促进了东西方文明的融合。

汉宣帝时期对匈奴和亲征伐并举。正是汉武帝和汉宣帝共同为华夏民族塑造了强劲的风骨，整个华夏民族此后虽多次沉浮，但始终没有被彻底击倒，一代又一代的强人出来力挽狂澜，救民族于危亡。

汉宣帝没有穷兵黩武，而是恩威兼施，较之文景之治手段更多，较之汉昭帝时更加强硬。这也是汉宣帝的高明之处。

第二节　镇服羌人

西羌人自古生活在河西走廊一带。

在西汉时期的丝绸之路上，除了匈奴，另一个难缠的对手便是西羌。

武帝时，匈奴试图与西羌联合共击汉朝，甚至承诺在夺取张掖和酒泉后，把这两地划给羌人。若这一计划实施，则堵塞了汉朝通往西域的道路，和平友好的丝绸之路就会受阻。

神爵元年（前61年），在匈奴的鼓动下，羌人发动叛乱。汉宣帝非常忧虑，他让当时的御史大夫丙吉帮助挑选可以领兵平羌之人。这时候，76岁的老将赵充国主动请缨。本来无论是资历还是对少数民族的熟悉程度，赵充国都首屈一指，但汉宣帝怀疑他"廉颇老矣，尚能饭否"。谁知赵充国说："谁都没我合适！愿陛下把这个重任交给老臣，包您放心！"汉宣帝一看他说自己"能饭，还壮实着呢"，就允许了。打仗首先是意志，赵充国的雄心赢得了信任，并且留下佳话。

赵充国到了前线后审时度势，认为当务之急并不是军事进攻，而是要逐渐瓦解羌人内部松散的同盟关系，使它不攻自破。但是朝廷主战派给汉宣帝上书，说要在七月份水草好的时候带30天口粮尽快完成出击，这样即便不能全歼敌人也可使其元气大伤，否则等到冬天，汉军的战马势必羸弱，取胜就更难了。汉宣帝当然也想速战速决，以免横生枝节，所以他就把这封奏疏下发给了赵充国。没想到赵充国坚持自己的意见，认为如果每人每马带30日口粮的话，则每匹马要自驮米二斛四斗、麦八斛，再加上衣服兵器等，负重太多，难以追逐。敌人看见大军来了，就进入水草山林了，你又能奈他何？若他们再据险堵在前面，后面再封堵粮道，那么汉军就很危险了。所以他仍然坚持自己的策略，即军事斗争与分化瓦解相辅相成。

汉宣帝不死心，又任命许延寿为强弩将军，任主战的辛武贤为破羌将军，共同参与对羌作战，并再一次督促赵充国出战。汉宣帝甚至以古人非常信奉的天象谶语令赵充国出兵："今五星出东方，中国大利，蛮夷大败。太白出高，用兵深入敢战者吉，弗敢战者凶。"但是这招在老成持重的赵充国那里也不好使，他反而苦口婆心地劝宣帝接受自己的策略。

秋天，年老的赵充国生了病，心急如焚的宣帝除了慰问之外，又下令让其破羌，让强弩将军主动出击羌人。病中的赵充国看到归降的羌人已有 1 万余人，估计将来归降的会越来越多，此时更不能轻举妄动，于是不但上书反对出兵，而且要求大规模屯田以镇西羌。这个时候汉宣帝不耐烦了，下诏说："如果按照将军的办法，诸羌何时伏诛？战争何时结束啊？"赵充国也回信说着自己的理由。

就这样君臣辩论若干次，每次汉宣帝都把赵充国的上书给公卿们看，让他们议论，一开始同意其意见的有三成，慢慢地一半人同意，到最后有八成人都赞成他的意见。赵充国每次上书都根据实际情况，有理有据有细节地说明问题，最后汉宣帝也被他说服了，称赞他的计策好，于是便按照他的策略办。

　　最终，正如赵充国所预料的，羌人内部逐渐分化瓦解，纷纷归附汉朝，赵充国雄赳赳气昂昂地大奏凯歌班师还朝。汉宣帝专门设置金城属国安置这些归附的羌人。

　　作为最高统治者，汉宣帝很有耐心，知人善任，善于纳谏，择善而从，从而留下了美名。他支持赵充国以武力打击和分化瓦解相结合的策略，有效地解决了羌人叛乱的问题，维护了通往西域和中亚的丝绸之路的畅通，使汉朝的仁义深深影响着四夷。

　　汉宣帝对赵充国"两从其计"，把赵的书信拿到朝堂和大臣议论，这是君子风度，在君王中难能可贵，君臣相知之情让后世为之动容。

第三节　掌控西域

西汉初年，西域共有三十六国，绝大多数分布在天山以南塔里木盆地南北边缘的绿洲上。这些国家多以城郭为中心，兼营农牧，有的还有制造兵器的作坊，只有少数国家粮食仰赖邻国供给。西域诸国语言各异，互不统属，由于自然条件的限制和其他原因，每个国家的人口一般只有几千人到两三万人，少的只有几百人。与今新疆相邻的中亚诸国，当时也都被称为西域。

匈奴贵族为了掠夺奴隶和财物，经常侵扰西汉的北疆。汉高帝六年（前201年），冒顿单于发兵围攻马邑，次年又攻晋阳（山西太原）。汉高祖亲率三十万大军迎战，被匈奴围困于平城白登山（山西大同东南）。后来陈平用计向单于阏氏行贿，高祖才得脱险，史称"白登之围"。由于经济亟待恢复，政权尚未巩固，汉高祖也被这次围困吓着了，无奈采取"和亲"的办法，把汉室公主嫁给单于，每年送去大批的丝绸、粮食、酒等，以求安宁。但是和亲政策并不能阻挡匈奴的掠夺。

文、景时期，虽然对匈奴依然采取和亲政策，但为抵御匈奴的侵扰，也做了些防备工作。文帝对边防军轮换制度进行了改革，用免税、赐爵、赎罪等办法移民"实边"；还大力提倡养马，准备对匈奴进行反击。

汉武帝一改和亲政策，反击匈奴的战争取得了一定程度的胜利，制止了匈奴贵族的残暴掠夺，保护了汉朝经济的发展，使北部边境地区得到进一步开发，便利了汉与西域的交通。

随着匈奴贵族军事力量的削弱，匈奴族人民和其他被奴役的各族人民反抗匈奴贵族的斗争也日益激烈。匈奴统治集团发生了内讧。昭帝时，

单于和亲瓦当

发生了五单于争立事件，接着分裂为南北两部。甘露三年（前51年），南匈奴呼韩邪单于降汉，北匈奴的郅支单于被迫西迁，后被西汉所杀。

竟宁元年（前33年），汉元帝将宫人王嫱（昭君）嫁给了呼韩邪单于，结束了百余年来汉、匈之间的武装冲突。后来约有半个世纪，北部边境一直处于和平状态。近些年来在包头等地的汉末墓葬中出土的"单于和亲"等文字瓦当是汉、匈关系改善的有力证明。

公元前2世纪左右，西域分为三十六国，互不统属。在天山以北的准噶尔草原有乌孙、且弥等国；在天山以南、昆仑山以北的塔里木盆地地区又分为南道诸国和北道诸国。

北道诸国有龟兹、疏勒、焉耆、车师等较大的国家；南道诸国有莎车、于阗、楼兰等国。公元前2世纪初，匈奴冒顿单于逐渐坐大，征服了西域，设官征税，并以此为据点不断向西汉进攻。

张骞是西汉开辟西域道路的第一人。经过两次出使西域，他了解了当地的风俗民情，双边贸易开始进行，自此，丝绸之路正式开通。

元封三年（前 108 年），汉武帝命令赵破奴统领大军进攻楼兰、车师，并在酒泉（甘肃酒泉）至玉门关一带设立亭障，作为供应粮草的驿站和防守的哨所。太初元年（前 104 年）汉武帝又派李广利出征大宛，击败大宛后，西域的交通更加顺畅。西汉又在楼兰、渠犁、轮台等地设校尉管理屯田，这是汉在西域最早设置的军事和行政机构。

神爵二年（前 60 年），匈奴内乱，日逐王降汉，匈奴在西域的影响逐渐缩小。汉宣帝任命郑吉为西域都护，都护府设在乌垒城（今新疆轮台县境内）。都护是西汉中央政府驻西域的最高长官，自此西汉在西域的统治完全确立。汉对西域有权册封国王、颁赐官吏印信、调军征粮等，说明远在 2000 年前，巴尔喀什湖以东、以南的新疆地区已成为中国的一部分。

初元元年（前 48 年）西汉政府在车师置戊己校尉，其基本职责是屯田积谷。戊己校尉受西域都护节制。西域都护管辖的西域各国的国王及主要官员，由汉朝皇帝赐予印绶。据《汉书·西域传》记载，西域都护统辖的西域国家共有四十八个，"自译长、城长、君、监、吏、大禄、百工、千长、都尉、且渠、当户、将、相至侯、王，皆佩汉印绶"，共 376 人。考古工作者曾在今阿克苏地区的古城中发掘出一枚西汉时期曾任西域都护的李崇的印，还发现一枚"汉归义羌长"铜印，这就是汉朝颁授给西域首领的官印，反映了西汉在西域设官置守、任命官员的情况。

自张骞通西域后，汉族人民与西域各族人民的经济文化联系日益密切，中原地区的先进技术不断传入西域，如中原的井渠法和穿井技术对西域的影响很广泛。先进的井渠法对土壤多沙的西域非常适应，在西北地区称为坎儿井。汉宣帝设立都护府之后，丝织品、漆器等精美的手工业品大量向西域行销。西域人民也把自己的生产经验和创造技术传到内地，如繁殖和饲养牲畜、种植瓜果蔬菜和豆类的方法等，丰富了汉族人民的经济文化生活。

郑吉是汉朝任命的第一任西域都护，也是汉王朝中央政府派遣管理西域的最高军政长官，级别相当于郡太守，每年的俸禄是二千石粮食。西域都护下面设有副校尉、丞各一人，司马、侯、千人各二人。都护的职责是统辖管理屯田，颁行朝廷号令，诸国有乱则发兵征讨。自郑吉为西域都护至西汉末，前后任西域都护者 18 人，姓名见于史册的有 10 人。宣帝时有郑吉，元帝时有韩宣、甘延寿，成帝时有段会宗、廉褒、韩立、郭舜，平帝时有孙建、但钦，新莽时有李崇。至新莽末（公元 23 年左右），西域乱，李崇死于龟兹。

西域的历任都护，有些名字不详：第一任郑吉（前 60—前 48 年）；第二任韩宣（前 48—前 45 年）；第三任（前 45—前 42 年）；第四任（前 42—前 39 年）；第五任（前 39—前 36 年）；第六任甘延寿（前 36—前 33 年）；第七任段会宗（前 33—前 30 年）；第八任廉褒（前 30—前 27 年）；第九任（前 27—前 24 年）；第十任韩立（前 24—前 21 年）；第十一任段会宗（前 21—前 18 年）；第十二任（前 18—前 15 年）；第十三任郭舜（前 15—前 12 年）；第十四任孙建（前 12—前 9 年）；第十五任（前 9—前 6 年）；第十六任（前 6—前 3 年）；第十七任（前 3—1 年）；第十八任但钦（1—13 年）；第十九任李崇（13—23 年）。到东汉时，西域都护有：陈睦（74—75 年）；班超（91—102 年）；任尚（102—106 年）。

在今天新疆巴音郭楞西北部的轮台县的野云沟乡和策大雅乡有两处西域都护府古城遗址：一处是野云沟乡政府东面 1 公里的一座小城池，城垣仅存 1 米，夯土干打垒建筑，建筑材料为黄沙土、防潮层，拉筋建筑材料为胡杨树枝，每 0.33 米为一叠层，周长约百米，城内散布着青灰色陶片，有白色的刻画点云纹和水波纹，城东有一城楼，南有城门；另一处古城遗址在策大雅乡政府东 10 公里公路北侧，当地人称白土墩。1928 年我国著名的史地专家黄文弼先生在上述两处遗址发掘出一些存贮粮食的陶罐，认为是西域都护府设立时期士卒在这里屯守的用物。黄文弼先生还在野云沟乡东北 300 米处发现了另一处较大的遗址，可惜现已辟为农田。他在所著的《塔里木盆地考古记》中写道："野云沟村南约半里，有一高阜，面为深沙堆集，上生芦苇，间有红陶片。"这些都是当年西域都护府存在的有力见证。

西域都护府的设立，标志着西域正式纳入汉朝的版图，中央政权开始在这里行使主权。西汉政府在西域设立行政管理机构、任命官员、派兵驻守并屯田、统计当地户口、推行汉朝的政令等等，这些都是国家行使主权的重要内容，由此奠定此后历代中央政权管理西域的基础。

西域都护府的设立，使各地小国开始往来，不再是隔离状态，各地相互交流日益增多，增进了西域诸城邦国、各民族间的相互了解与信任，同时也增进了西域与内地的密切联系，增强了西域各地对中央政权的认同。汉朝拥有发达的农业、手工业和商业，对西域经济与社会的发展产生了重要影响。中原地区先进的生产技术、生产经验及熟练的劳动人手，都给西域地区带来了新的元素，注入了活力，促进了西域本地经济的发展。两地的经济有着很强的互补性，西域都护府的设立，更是保证了丝绸之路的畅通无阻，使西域与中原的经济之间产生了持久而良性的互动，从而使西域地区的区域经济纳入到整个汉朝的经济体系之中。

西域都护府的设立，保障了东西商路的畅通，加强了交流，增强了西汉政府对西域地区的管理。如龟兹王绛宾从中原返回龟兹后，将中原的礼仪制度带回龟兹并加以实施。而西域地区的音乐、舞蹈也传入内地，丰富了中华文化的内涵，也使中华民族得到了多元化发展，实现了民族大融合。

汉武帝时期施以武力，扩大疆土，长期拉锯，而汉宣帝怀柔与威力并用，做到了管控西域，当然这和张骞出使西域的前期功劳分不开。

第四节　霸、王兼用

《汉书·元帝纪》载：宣帝的太子刘奭"柔仁好儒，见宣帝所用多文法吏，以刑名绳下，大臣杨恽、盖宽饶等坐刺讥辞语为罪而诛，尝侍燕从容言：'陛下持刑太深，宜用儒生。'宣帝作色曰：'汉家自有制度，本以霸王道杂之，奈何纯任德教，用周政乎！且俗儒不达时宜，好是古非今，使人眩于名实，不知所守，何足委任！'乃叹曰：'乱我家者，太子也！'"。

汉宣帝为儿子考虑，也替大汉江山考虑，恨铁不成钢。他为儿子的将来担忧。

"罢黜百家，独尊儒术"是董仲舒于元光元年（前134年）提出来的，汉武帝开始实行。董仲舒的思想已经不是春秋战国时期儒家思想的原貌，而是掺杂道家、法家、阴阳五行家的一些思想，是为维护封建统治秩序而应时应世的思想，因为神化了专制王权，所以受到汉武帝以及历代统治者的推崇，成为两千多年来中国传统文化的正统和主流思想。虽然"霸王道杂之"是汉宣帝为了教训太子"柔仁好儒"之弊说的——汉宣帝在气头上竟然当着史官的面对太子说出了帝国政治中最大的秘密，而这秘密本来是口传心授不能示人的——史官却忠实地将这个秘密记录了下来。

汉宣帝的可爱之处，也正是公布了中国专制统治儒表法里的秘密，在表面上把王道治国（以德治国）放在首位，以霸道治国（武力和严刑峻法）秘而不宣，这明明是笑里藏刀，不仅仅迷惑了百姓，甚至也迷惑了统治阶层的内部人员。可见汉宣帝恨铁不成钢，气愤之下见真言。

客观地讲，国家管理确实需要刚柔并济，不能只靠柔弱仁义，也不能只靠强权暴力。史实验证了这些：宋襄公因仁义导致宋灭亡，东周的软弱造成分崩离析，秦朝的暴政致使王朝仅传二世而亡，可见，霸道和王道都不能独当一面。个人也是如此，过于柔弱或者过于刚强都会招致祸患。

让我们再回顾一下文景之治时期和汉武帝时期的对内对外政策，看看汉宣帝的霸道、王道和他们有什么不同。

西汉初高祖刘邦采用娄敬和亲之策，主要是通过赠送财物和联姻达到罢兵目的。这也是无奈之举，当时国力衰弱，打又打不过，只好和亲，但是匈奴人总不守约。汉文帝继位初，也采取和亲政策，但匈奴因政权更替时常反悔。文帝十四年（前166年）冬，匈奴单于领十四万骑来犯，汉文帝派张相如击败了匈奴兵，遂复议和亲，还是无奈之举。文帝后元二年（前162年）六月，文帝下诏说："间者累年，匈奴并暴边境，多杀吏民……夫久结难连兵，中外之国将何以自宁？……今单于反古之道，计社稷之安，便万民之利，新与朕俱弃细过，偕之大道，结兄弟之义，以全天下元元之民。和亲以定，始于今年。"此诏表达了文帝厌恶战争、希望汉匈两族和好的热情与努力。这次和亲是要"结兄弟之义"，是一次两族友好的和约。

但文帝后元六年（前 158 年）冬，匈奴数万骑入上郡与云中郡侵扰。文帝立即以令免为车骑将军带兵驻于飞狐，苏意为将军带兵驻于句注，将军张武带兵驻于北地，时刻准备着抗击匈奴。在京城附近又以周亚夫为将军带兵驻于细柳，刘礼为将军带兵驻于霸上，徐厉为将军带兵驻于棘门，防备匈奴来袭。过了几个月，匈奴看不能立克退去，文帝才撤退以上驻军。文帝是亦战亦和，还移民屯田，所以边境相对安定。对内减轻赋税，与民休养。汉景帝继承文帝的政策，对待匈奴继续采取争取和亲、积极防御的措施，匈奴只是"时时小入盗边，无大寇"。景帝还把来降的匈奴封为列侯，汉匈两族"通关市"，可见这一时期的边境关系是比较友好和安定的。

武帝即位之初，一方面政治形势比较稳定，国家经济状况也相当好；另一方面诸侯王国的分裂因素依然存在，潜在威胁还不小。所以，他在继续推行景帝各项政策的同时，采取了一系列强化中央集权的措施。

在政治方面，颁布"推恩令"，削弱汉初分封的诸侯国势力，加强监察制度等。汉武帝还变古创制，包括收相权、设刺史等重大改革措施，建立了一套系统完整的政治制度。这种法制传统，成为此后两千年间中华帝国制度的基本范式。

在军事方面，主要是集中兵权，充实了中央的军事力量；改革兵役制度；派卫青、霍去病出击匈奴，变被动为主动；还派张骞出使西域，开拓了西北边疆，开通了西汉联系西域以至中亚各地的通道。

在经济方面，重农轻商，整顿财政，颁布"算缗""告缗"令，征收商人资产税，打击奸商；将冶铁、煮盐收归官营，禁止郡国铸钱，统一铸造五铢钱；设置平准官、均输官，由官府经营运输和贸易。在经济方面还有一项重要的举措，就是将当时的货币进行统一。

在思想方面，罢黜百家、独尊儒术，使儒学成为中国社会的统治思想。推行儒学，在长安设太学。儒家学说成为中国封建统治正统思想后，一直延续了两千多年，对后世中国政治、社会、文化产生了深远的影响。汉武帝也非常注重人才的开发，他确立了察举制度，开了中国有系统选拔人才制度的先河。

汉武帝时期还大力兴修水利，发展农业生产。修建了漕渠、白渠、龙首渠，还在秦朝开成的郑国渠旁边开了6条辅渠，灌溉高地。公元前109年，汉武帝征发数万士兵治理黄河大水灾。汉武帝还大力推行屯围、屯垦等发展农业的重大措施，并且推行代田法和新农具，大大促进了农业的发展。

汉昭帝即位后也和文帝、景帝一样，一方面采取和亲措施，另一方面又加强北方防戍，仍是亦战亦和。昭帝还减免赋税，与民休养，将公田予贫民耕种，贷给农民种子、口粮，免除部分赋税、徭役，降低盐价，与匈奴保持友好关系。这些措施符合贤良文学提出的"行仁政，以德治国"的意见。

而汉宣帝和以上诸位有所不同。

在打击匈奴上，汉宣帝一改汉昭帝时的防御政策，采取了和汉武帝一样的主动策略，但他的这种主动并不是只去打击，而是武力和和谈并用、文德与武道齐抓，比之汉昭帝时期更加娴熟，也更加强硬。本始二年（前72年），匈奴西侵乌孙，刚即位不久的宣帝毅然选派5位将军率领

15 万骑兵和 5 万乌孙军共击匈奴，这是西汉对匈奴作战中最大规模的一次用兵，超过了武帝时期的规模。此战有力地打击了匈奴，也造成了部分匈奴人的西迁。此后匈奴内讧加剧，五单于争立，后发展成了郅支单于与呼韩邪单于两部对立争雄的局面。汉宣帝乘机扶立呼韩邪单于，呼韩邪单于感其德，于甘露三年（前 51 年）来长安向汉宣帝称臣。

汉武帝时虽然对匈奴进行了很有力的打击，但是离解决匈奴问题仍很遥远，尤其晚年对匈奴的几次用兵几乎全部以失败告终，而且经过几次失败之后，汉朝已无力再对匈奴和其他地方用兵。因此，汉武帝晚年不得不改弦更张，以休养生息为国策。而汉宣帝继位后却能励精图治，只需蓄力一击便将匈奴打得一蹶不振，更用和平手段使匈奴来朝称臣，做到了汉武帝做梦都想做却没做成的事。

汉宣帝与汉武帝共同的特点是极为精明、老练，做事从不拖泥带水。但汉宣帝做事更为稳妥，更精于吏治，使得朝政清明、国家稳定，一改汉武帝后期的混乱。好在汉武帝选对了辅政大臣，他所选的霍光能够较好地执行他晚年的政策，使汉朝国力得以逐渐恢复。汉武帝虽在历史上落下了穷兵黩武的骂名，可是他同时创造了一个伟大的时代，也是中华民族引以为豪的大汉雄风的最有力代表。武帝创造了许多个"第一"，如用儒家学说统一思想、创立太学培养人才、大力拓展中国疆土、开通西域、用皇帝年号来纪元、用罪己诏形式进行自我批评等。他建立了一个国家前所未有的尊严；他给了一个民族群傲然雄立的自信；他的国号成了一个伟大民族永远的名字。

汉宣帝知人善任，宣帝一朝也与汉武帝时期一样人才辈出，而汉宣帝更进一步执行并发扬光大了他曾祖父的政策，规避了穷兵黩武的后果，刚柔并济，不愧为一代明君，使得大汉雄风一直为后世津津乐道，谱写了昭宣中兴的光辉时代。所以很多历史学家说，如果要论文治武功，还是汉宣帝要略强些。

也正是因此，在光武帝刘秀建立东汉以后，他给汉宣帝上庙号为"中宗"，把他视为汉朝中兴的人物。

第六章

后汉宣时代

黄龙元年（前49年），汉宣帝逝世，在位26年，享年43岁，葬于城南杜陵。人们把位于杜城以东的塬叫作杜原；由于汉宣帝把这里作为他的陵寝之地，所以也叫杜陵原。宣帝之所以选择这里作为身后安息之所，是因为西汉时期帝陵方位有一套昭穆制度，如按昭穆制度排列，宣帝无法在咸阳原的汉陵区"安身"，故只能另外营造自己的陵寝。这是主观因素。

　　宣帝少年时曾流落民间，"尤乐杜、鄠之间，率常在下杜"，因为少年时代在这里度过，所以比较喜欢杜陵原的生活环境。

　　另外，宣帝的曾祖母孝武卫皇后（卫子夫）、祖母史良娣、父母史皇孙和王夫人，死后皆葬在长安东南塬上，宣帝陵寝选择于杜东之塬，有亲近祖母和父母陵园、阖家团圆的深意。

杜陵建立以后，绕陵设立杜陵邑。杜陵邑的人口在三十万左右。此后这里也是名人辈出，家居杜陵的名人有：御史张汤，大司马张安世，历位九卿的张延寿，右将军苏建，典属国苏武，丞相朱博，御史大夫杜周、杜延年，丞相韦贤、韦玄成，大将军赵充国，太守韩延寿，御史大夫萧望之，执金吾萧育，大司农萧咸，太守萧由，右将军冯奉世，大鸿胪冯野王，右将军史丹，丞相王商等。

杜陵不愧是一块风水宝地，杜陵原更因文脉悠长、历史底蕴深厚而为文人雅士所热爱。

汉宣帝死后，太子奭继位为汉元帝。元帝时代外戚专横，元帝皇后的外甥王莽后来篡汉。汉宣帝生前所言"乱我家者，太子也"果然应验。

《汉书·元帝纪》曾记载宣帝因太子刘奭（汉元帝）软弱而担忧生气，有一段话是这样的："（刘奭）八岁，立为太子。壮大，柔仁好儒，见宣帝所用多文法吏，以刑名绳下，大臣杨恽、盖宽饶等坐刺讥辞语为罪而诛，尝侍燕从容言：'陛下持刑太深，宜用儒生。'宣帝作色曰：

'汉家自有制度，本以霸王道杂之，奈何纯任德教，用周政乎！且俗儒不达时宜，好是古非今，使人眩于名实，不知所守，何足委任！'乃叹曰：'乱我家者，太子也！'"宣帝也因此有一段时间疏远太子而爱淮阳王，曰："淮阳王明察好法，宜为吾子。"这恐怕也有宠幸淮阳王的母亲张婕妤的原因吧。宣帝曾经有意以淮阳王代太子，然而每每想起他的结发妻子许平君就情意绵绵，终究没有废太子。这就是汉宣帝所说的"乱我家者，太子也"的故事。这也表达了他对太子的恨铁不成钢。

黄龙元年三月，天空中出现了彗星。汉朝重视星相的皇帝不乏其人，汉宣帝刘询这一年患上了重病。

太子刘奭已26岁，思想却幼稚得像个十来岁的孩子，这怎叫人放心得下呢？换又舍不得换，而自己又快要死了，该怎么办？汉宣帝刘询找到了一个陈旧的、被他的祖辈屡次运用的办法——找大臣托孤！刘询想到了祖母史良娣的哥哥史恭的长子侍中史高，还有太子太傅萧望之、太子少傅周堪。

刘询不无遗憾地在床前对这几位重臣下诏：乐陵侯

史高任大司马兼车骑将军，萧望之任前将军兼光禄勋，周堪任光禄大夫；三人皆领尚书事，共同接受遗诏辅佐幼主……

公元前 49 年 12 月 7 日，汉宣帝刘询在未央宫驾崩。

由于宣帝长期在民间生活，深知民间疾苦，所以他在位时期，勤俭治国，进一步确定儒学地位，对民宽容，对大臣要求严格。特别是宣帝亲政以后，汉朝的政治更加清明，社会经济更加繁荣。在亲政的 20 年中，他着重于整肃吏治，加强皇权，不但族灭了腐败的霍氏家族，而且诛杀了一些地位很高的腐朽贪污的官员。为维护法律正常运行，宣帝设置御史以审核廷尉量刑轻重；设廷尉平，重视民命。一系列措施都是为加强中央对地方的控制。此外宣帝又召集著名儒生在未央宫讲论五经异同，目的是巩固皇权、统一思想。其余如废除一些苛法，屡次减免田租、算赋，招抚流亡，在发展农业生产方面继续霍光的政策。对周边少数民族则软硬兼施。他击灭西羌，袭破车师。时匈奴发生内乱，呼韩邪单于于甘露三年（前 51 年）亲至五原塞请求入朝称臣，宣帝得以完成武帝倾全国之力而未竟的功业。

汉宣帝亲政伊始，就紧抓整肃吏治这个中心环节，由是选拔和任用了萧望之等一批干练有为的官吏，打下了整肃吏治的基础。宣帝本人也勤于政事，"五日一听事，自丞相以下各奉职而进"。

他尤其注意地方官员的选任，对于二千石一级官吏的考核和督责尤为严格，因为这一级官员往往是直接治理百姓的亲民官员，所用良莠直接关系到一地百姓能否安然享受"与民休息"政策的实惠。汉宣帝常称曰："庶民所以安其田里而无叹息愁恨之心者，政平讼理也。与我共此者，其唯良二千石乎！"

刘询本人厉行节俭，多次下令节省开支以增加财政收入。此外，他还组织规模盛大的儒家经学会议，讲论五经的异同，针对学术界和思想界对儒家经典的理解存在分歧，亲临会场做出裁决，从而统一了思想。刘询大有其祖父戾太子刘据的"仁恕温谨"的风格，同时又充分吸取了曾祖父的教训，将曾祖与祖父的风格杂糅，在效仿武帝政策的同时也进行了修正，最终形成自己"霸王道杂之"的为政风格。其要点就在于，对汉武帝的酷吏政治进行儒学化包装和控制。宣帝任用"能吏"，区别于汉武帝时期的酷吏。"能吏"在为政过程中会在法家思想的表面套上一层儒学的面纱，避免了治狱、办案由严厉走向残虐。这一做法造就了一个吏治清明的典范时代。

宣帝时期吏治之所以成为后代的典范，其原因在于涌现了一大批能力超群、精明强干的官吏，这一批官吏深受汉宣帝重视，他们中间不少人甚至跻身公卿行列。班固总结说："孝宣承统，纂修洪业……将相则张安世、赵充国、魏相、丙吉、于定国、杜延年，治民则黄霸、王成、龚遂、郑弘、召信臣、韩延寿、尹翁归、赵广汉、严延年、张敞之属，皆有功迹见述于世。参其名臣，亦其次也。"

这些大臣为自己的严苛之治套上体面的外衣，即儒家学派的主张和理论。这也符合汉宣帝的"霸王道"。

正是这样的原则，为汉宣帝时代构造了一个法令严明又重义温情的氛围，为社会走向大治创造了条件。

汉武帝虽然打败了匈奴，但没有使匈奴降服，真正使匈奴降服向汉朝称臣、单于来长安觐见的是汉宣帝。神爵二年（前60年），统治西域的日逐王先贤掸带着数万人投降汉朝，被封为归德侯。甘露三年（前51年），呼韩邪单于亲往帝都长安，俯首称臣做北藩。中国历史上第一个横跨欧亚建立管辖权的皇帝不是成吉思汗，而是汉宣帝。宣帝首设西域都护府，让"汉"成为华夏民族的代名词。西域都护府的设置，不仅是汉王朝，更是华夏史上一个划时代的大事件。从此之后，东自车师、鄯善，西抵乌孙、大宛，西域诸国都成为华夏民族的一部分。

中国和西域各国之间的贸易往来，从西汉开始，历经东汉、魏晋南北朝直到唐代，延续了1000多年，形成历史上著名的"丝绸之路"。

1000多年后，明朝的郑和下西洋，把中华文明进一步传向海外，也正是受汉朝陆上丝绸之路的启发。今天我们国家推行"一带一路"大政策，正是建立在张骞、郑吉、郑和等人的努力上，也是以当年汉武、汉宣时期取得的东西方文化经济交流的硕果为基础，开辟陆上、海上丝绸之路。这一伟大构想正在实施中，中华民族的复兴指日可待。

汉宣帝被封建时期的历史学家称为"中兴之主"，刘向赞扬他"政教明，法令行，边境安，四夷清，单于款塞，天下殷富，百姓康乐，其治过于太宗（文帝）之时"。

汉宣中兴成为后世帝王效仿的楷模，也成为后世人津津乐道的佳话。

元帝时期，开始一反前代帝王之制，单崇儒家，纯任德教，治国完全以经学为指导，选官用人完全用儒家标准，以经取士。这些固然为汉王朝选送了大批人才，但由此也决定了许多人读经即为做官，往往不是尽忠守职而只是尸位素餐而已。能治者不能为官，为官者不能为治，士与吏截然两途，这也促使"士"与"吏"终于分道扬镳。这些影响到了西汉后期各级政权的效能，给当时的社会带来了严重的消极影响。元帝时期强调以经取士，使"书呆子"被选进了各级政府机构。结果从汉元帝开始，西汉开始衰落，所谓"元、成、哀、平，一代不如一代"，直至最后为王莽篡政。

西汉末年阶级矛盾异常尖锐，政治统治险象丛生。农民由于受乡部胥吏无端勒索，实在穷困已极，只有起为"盗贼"。元帝为了怀柔关东豪强，把汉初以来迁徙关东豪强充实关中陵寝地区的制度也放弃了。儒生京房曾问元帝当今是不是治世，元帝无可奈何地回答："亦极乱耳，尚何道！"

成帝时，西汉王朝走上了崩溃的道路，山东、河南、四川等地相继爆发了农民和铁官徒的暴动。哀帝时，西汉王朝的统治危机更加严重，农民处境堪忧，如当时的鲍宣所说，"有七亡而无一得"，"有七死而无一生"。哀帝采纳阴阳灾异论者的主张，企图用"再受命"的办法来摆脱西汉统治的危机。他自己改称"陈圣刘太平皇帝"，改元"太初元将"。这充分暴露了西汉统治者空虚绝望的内心。

"再受命"说风靡一时，但挽救不了危局。王莽出任大司马大将军，辅政一年多到哀帝即位后失势。平帝时，王莽复任大司马，屡次损钱献地，收揽民心。平帝死，幼子刘婴继位，王莽辅政，称"摄皇帝"。三年后（初始元年，公元8年），王莽自立为帝，改国号曰新。为了解决西汉遗留的社会矛盾，王莽陆续颁布法令，附会《周礼》，托古改制。不久王莽改制失败，西汉宗室旧臣反对王莽的斗争也不断发生，而且逐渐与农民斗争相联系。

在西汉统治的穷途末路中登上历史舞台的王莽，不能摆脱社会危机。更始元年（23年），王莽政权终于在起义农民的打击下彻底崩溃，更始军攻入长安，王莽死于乱军之中。

历史上的西汉王朝至此灭亡。

公元25年，刘秀在河北登基称帝，因刘秀系西汉皇族的后裔，故国号仍为"汉"，史称"东汉"，刘秀就是汉世祖光武皇帝。

昭宣中兴作为大汉王朝最为辉煌的一段盛世，也是中华文明史上引以为豪的一段时期，它的故事一直被传颂并演绎者，我们后世子孙更不应该忘怀。

当你登临少陵原时，汉朝的那些故事还存在于这座塬上，一些墓冢似乎还在诉说着那段辉煌，而这座塬上最大的王陵的主人汉宣帝留下了很多可歌可泣的故事。少陵原因汉宣帝而成为古城西安城南的一座名塬，宣帝的传奇将随着这座塬而永远流传，这座塬也因他而更加风流。

后记

　　我站在古城南的少陵原东北崖畔上，不禁想起李白的诗句："南登杜陵上，北望五陵间。秋水明落日，流光灭远山。"虽然我没有望见咸阳的五陵原，但秋风将我的思绪扯得很远。

　　南眺终南隐隐，北俯高楼林立的西安城，东面是隔着悠悠浐河的白鹿原，西南不远就是汉宣帝的陵寝之地，站在这片土地上，我感到既自豪又惭愧。

　　西安是享誉国内外的历史文化名城，我们引以为豪的历史上的周秦汉唐雄风就出自这座城市。

　　这里是华夏文明的发祥之地，这里是中华民族的首善之都。

这里浓缩着中国人最为珍贵、最为自豪的记忆；这里也是一座风生水起、蓄势待发的希望之城。

远古时代，蓝田猿人就在这里繁衍生息。五六千年前，半坡先民在这里种植狩猎。公元前 12 世纪，周王朝在此建立丰京，揭开了西安作为帝王京师的辉煌历史，尔后历经千年雄踞华夏，成为统一的多民族国家的政治经济文化中心，也成为世界四大古都之一。

这里的川、原、古道、河流、陵墓、寺观、塔、碑、村落、街、巷等等，无不孕育着先民先贤的精气神。这里的周礼秦乐、汉风唐韵无不昭示着曾经呈现过的尊贵和豪华、开放和风流。

一座城市的历史就是一个民族的历史。这座有着 7000 多年的文明史和 3100 多年的建城史以及 1100 多年的建都史的伟大城市，这座曾经见证了"宣王中兴""文景之治""昭宣中兴""贞观之治""开元盛世""元和中兴"鼎盛辉煌的古都，我深深为它而自豪。

然而今天，这片肥沃而且有着深厚底蕴的土地的养分正在一步步流失，而我们没有起到保护好它的作用。这座塬上曾有数千座有名姓的古墓，如今能看见封土的只有近30座了。而就是我身旁这座埋葬着把汉武雄风发扬到极致的宣帝的陵寝，它的陪葬墓也不到原来的十分之一，寝园城郭荡然无存，至于杜陵邑也只能在历史书上看到了。这些都让我惭愧，也让我的心情非常沉重。流逝的不光是古墓文物，还有我们赖以自豪的文化和传统。

之所以还原这段中兴历史，就是想让后来人记得这段辉煌，从而铭记历史，鉴古察今，奋发自强。

十八大以后，"一带一路"吹响了跨时代发展的号角。西安这座开辟了丝绸之路起点的城市，成为我们走向世界的窗口。

大力弘扬先进文化，促进东西方文明的交流，我们的祖先做到了。我们要做的是继承传统，不忘历史，继往开来，重振汉唐雄风，把古城西安建设成既有古都风貌又有现代文明和时代精神的大都市。

回顾昭宣中兴这段历史，就是想让更多的人对西安有更深刻的了解，能够触摸到古城的历史脉络和文化特征，感受这座城市的灵魂，从而更加热爱这座城市。

当我和我的友人接到这个任务之时是诚惶诚恐的。先前只因热爱而写了一些散文，其中有许多关于汉朝的。要涉足一段历史并把史料演绎成通俗易懂的文史读物，尚属首次，流汗是一定的，熬夜是应该的。数次更易，要在薄薄一本书中将一段辉煌历史说尽，难免捡东漏西。我就是在忐忑中完成了这本书。

北风凛凛，然而我的内心是热的。就如我脚下这座塬一样，因为有了汉宣帝，才使它格外的雄浑和高大。也如这座城市的内核，就是它的历史文化，也是它的精神高地。"八川分流绕长安，秦中自古帝王州"，如此厚重的文化底蕴滋养着西安，巍峨的终南山庇荫着西安，我为能生长在这片土地上而自豪。

张军峰

2016 年 11 月 10 日